TAI JI QUAN TEXT BOOK

やさしい！
誰にでも
できる！

武当太極剣

李徳芳
呉増楽［著］

BABジャパン

目次

はじめに

武当太極剣は、私が全国武術観摩交流大会に参加するために、父・李天驥が武当剣と太極剣を合わせて編纂したものです。私はこの套路で１９８２年、８３年と連続して全国武術観摩交流大会で優秀金賞を獲得しました。

太極剣は愛好者の皆様に深く受け入れられて、武術の一種目としてだけではなく、健身運動としても認知されて、中国・日本は言うまでもなく、世界各国に普及しています。しかし、本書で紹介している武当太極剣は、日本では太極剣よりは馴染みが薄く、この套路を練習されている方は少ないかと思います。

２００２年にＢＡＢジャパン出版局から私の武当太極剣のビデオテープが出た時から、愛好者の皆様より更に学習を深めるための教材が欲しいとのご要望があり、著書の刊行が待ち望まれていました。今回、ようやく皆様のご要望にお応えして、本書の刊行が出来たことは、この上ない喜びです。父が私に伝授してくれた技術と、私が長年指導して得た経験を基に、この著書を皆様にご紹介させていただくことで、武当太極剣を練習する上での一助とし、また剣術全般のレベルアップと健康増進のお役に立てることを望んでやみません。

また今年は丁度、父の生誕１００周年にあたります。尊敬する父に感謝の意を込めて、記念にこの著書を刊行し捧げたいと思います。

最後に、刊行に多大なるご協力を頂いた唐松滋子氏、石渡康郎氏ら日中健康センターの関係者の皆様、そしてＢＡＢジャパン出版局の皆様に心より感謝の意を表します。

著者

２０１５年11月

一　中国剣術の概説

春秋戦国時代の剣術とその理論

中国武術には、悠久の歴史があります。その中でも中国剣術は、その理論が古くから高度に発展しており、約２５００年前の春秋戦国時代の文献には、早くも剣術に関しての記述があります。

『荘子論剣』（『荘子』説剣篇）には、「剣を為むる者は、虚を以て示し、利を以て誘い、後れて発し、先んじて至る。」とあり、『呉越春秋』にも、〈ある時、越王・勾践が剣芸に長けた一人の女性を軍隊の剣術師範として招き、また、その道について教えを請いました。すると彼女は「その道は簡単に見えますが、その意とする所は幽玄で深遠です。」「およそ剣を手にして戦うには、内には精神を充実させて、外では穏やかさを示し、しとやかな女人のように見せかけつつ、猛虎のような勢いで勝利を奪い取るのです。」「全体の動向に気を配り、心身ともに攻防にあっては、一度動けば脱兎のような素早さになり、あたかも影を追うような動きは、杳として捕らえ所もありません。呼吸は自由に縛られることなく、動作は縦横無尽・自由自在に、どのように動いてもかまいません。」と答えただけでなく、その場で剣の模範演武をやってみせたのでした。それは、息もつかせぬ早業で鮮やかに翻り、上下に躍動し、剣がまるで流星のように輝くという見事な演武で、これを見た越王・

勾践は拍手喝采して、彼女に「越女」の名前を授けました。〉との一節があります。

　これらの剣に関しての記述は、後代の剣技発展の基礎となる、「虚実相兼《シュイシーシアンジェン》・後発先至《ホウファーシェンヂー》・因敵変化《インディーベェンホア》・先静後動《シエンジンホウドン》・静中求動《ジンヂョンチュウドン》・動静結合《ドンジンジェーホー》」などの、剣術技法に内包される指導精神が高度にまとめ上げられており、当時の剣術技法と理論の発展水準の高さを生き生きと反映しています。歴史の経過の中で、剣は軍事上重要な兵器としての役割を果たしてきました。しかし、戦場での主要な戦闘が戦車で行われるようになると、剣は槍や弓矢の威力に及ばなくなり、徐々に戦場の表舞台から降りて、護身の武器として一般化するようになっていきました。例えば、孔子の高弟・子路は剣術の達人で、師の面前で自慢げに剣を舞った時に「古の君子は剣を以て自ら衛れるか」などと質問しています。

天子から庶民まで剣術を好む

　護身の武器として剣が民間に広まるにつれて、それぞれの時代で老若男女が剣術を鍛錬する風潮も生まれてきました。その中で剣術技法もより洗練され、優雅で巧妙、且つ難度も高くなり「百兵の君」と称されるようになり、広い範囲の人々から愛される武器になっていきました。

歴代の君主・貴族・文武将相・文人墨客・儒者・道士・芸能者たちも剣術をただ愛好するだけでなく、一つの特技として懸命に腕を磨くようになり、また社会的には剣を帯びることが高貴な地位と権勢を象徴することにもなっていきました。そして漢代以降になると、天子から百官に至るまで剣を身につけることが、厳格な制度として確立されました。

三国時代の魏の曹丕は、帝王であると同時に、また剣術の名手でもあり、『典論自序』の中で、興味深い話を書き残しています。

〈自分は幼少の頃より師について剣術を学んだ。かつて武芸に優れた将軍として有名な鄧展と酒を酌み交わし、剣を論じ合ったことがあった。酔いがまわるにつれて、彼からこの機会に手合わせすることを求められ、砂糖キビを剣に見立てて数合交え、彼の腕に三度当てた。彼は納得せず、再度手合わせを求めてきたので、今度は虚実不測の妙技で、彼の額を打ち、その卓越した技を見せつけてやった。…〉

また著名な詩人たち、李白は「十五才で剣を好み…三十才で文を成す」「いつも三杯目ともなると宝剣〝龍泉〟を抜いて舞った」と言い、王維は「書物を読み騎射をする、剣を下げて淮陰に遊ぶ」と言い、杜甫は、いつも剣を相棒にして「酒宴の終わりに剣を抜いて交情を表す」「剣を抜いて蛟龍（龍に似た伝説の動物）と争う」と言い、陸游は「十年剣を学び勇を成す癖があった」「一振りの剣を携えて世を渡る」との言葉を残しています。

彼らは四人とも、世に知られた文豪・詩聖と言うだけでなく、「長剣を抜き払って舞えば、周囲の人々が皆目を見張る」ような剣術愛好家の一面も持っていました。

この様に、剣術は武術の攻撃技術の枠にとどまらず、精神・芸術においても独特な影響力を持っています。そのため人々は、剣で感情を表す助けにしたり、異国で功を立て、歴史に名を残す大望を剣に託したりするのです。

現代の剣術について

明・清の時代になると、多くの武術門派が出現し、少林達磨剣・武当剣・八卦剣・太極剣などの、それぞれ特色を持った各派の剣法が生まれ、剣術界に金欄百花・千姿百態の新しい時代が訪れます。その反面、幾つかの優れた剣術技法は独自に継承されていったものの、他の多くは独立した地位を失い、各門派に付随する器械の一つに含まれるようになり、また、伝承されずに歴史の中に埋もれていくものもありました。

新中国が成立すると、武術は民族体育発展のための優れた項目として注目され、「発掘・整理・継承」のスローガンのもと、空前の発展を遂げることになりました。その中でも、剣術は人々に愛されて、内容が豊富になり、技術も日を追うごとに向上していきました。

現代剣術では套路が主要な構成要素を成していますが、武術の諺に「刀は猛虎の如く、剣は鳳凰の如く」「剣は美しくあれ」とある通り、それは身軽で敏捷、優美瀟洒、気勢流暢、活発多変、剛柔相済、泰然自若と言った剣の特徴をよく表しています。これらの特徴は、優れた健身作用や人々を感動させる芸術としての影響力と相まって、多くの愛好者を惹き付けて離しません。

現代の剣術の種類は大変豊富で、青萍剣《チンピンジエン》、昆吾剣《コンウージエン》、太極剣《タイジージエン》、三才剣《サアンツァイジエン》、三合剣《サアンホウジエン》、龍形剣《ロンシンジエン》、八卦剣《バーグァージエン》、八仙剣《バーシエンジエン》、純陽剣《チウンヤンジエン》、達磨剣《ダーモージエン》、螳螂剣《タアンランジエン》、七星剣《チーシンジエン》、飛虹剣《フェイホンジエン》、崑崙剣《コンロンジエン》、通臂剣《トンベイジエン》、奇形剣《チーシンジエン》、連環剣《レンホアンジエン》、龍鳳剣《ロンフォンジエン》、十三剣《シーサアンジエン》、酔剣《ズウイジエン》……数え上げたら切りがないほどです。

武当剣

武当剣は、中国剣術の中でも最も優れている剣術の一つです。

武当剣に関して最初に系統的な論述をしたのは、宋唯一《ソンウェイイー》(注①)が1922年に著した『武当剣術』です。彼自身が武当剣の名人で、武当剣の整理・普及に多大な貢献を果たしました。

李景林《リージンリン》(注②)は、近代武術界の著名人で有名な剣術家でもあります。彼の武当剣術は、宋唯一から学んだもので、1922年に宋のもとを訪ねて教えを請い、宋から武当剣術を初めて伝授されました。１９２４年に彼は再び宋を天津に招請して教えを請いました。当時、そこには蒋馨山、郭岐鳳、林志遠、李玉琳（著者の祖父）、張憲等の多くの参加者がいて、それにより武当剣術が更に世に広められていくことになりました。

　李景林は武当剣術に造詣が深く、たゆまぬ工夫と研究の結果、剣母四法（撃《ジー》・刺《ツー》・格《ゴー》・洗《シー》）を基礎として、抽《チョウ》・帯《ダイ》・提《ティ》・格《ゴー》・撃《ジー》・刺《ツー》・点《ディエン》・崩《ボン》・攪《ジャオ》・圧《ヤー》・劈《ピー》・截《ジエー》・洗《シー》の十三の技法を生み出し、套路の練習方法と武当対剣を創作しました。彼は武当剣普及を提唱するだけでなく、１９２９年には山東国術館を創立し（李玉琳は要請を受け教務主任に就任）、自ら学生を育成して、武当剣の発展と普及に尽力しました。その功績により武術界で最高の栄誉を受けることになりました。

　私の父である李天驥は、１９３０年に山東国術館に入館し、李景林に武当剣術を学びました。後に父であ

李景林

李玉琳

李天驥
（1933 年 19 歳）

る李玉琳や林志遠等の諸先生方より厳しい指導を受け、刻苦して探究を重ね、また郭岐鳳と長年にわたり切磋琢磨して、武当剣の理論と技術に深く大きな進歩を遂げました。

父は長年の指導や訓練と表演の実践を通じて、多くの新知識を積み重ね、武当剣術についての套路構成に改善を加えた成果として、１９８８年２月に責任編集した『武当剣術』（李徳印・李徳芳が助編者＝副編集者）を出版しました。この本の中には、剣の起源と発展、武当剣の源流と特徴、基本技法や単練と対練の套路および鍛錬要領と練習方法が紹介されています。これは、父が数十年来積み重ねてきた伝統武当剣の習練・研究・指導などを集大成したものです。ちなみに、この専門書は読者の好評を受けて、中華武術文庫に集録されました。

書籍『武当剣術』

李天驥の武当剣

武当剣は伝統武術の風格を正確に継承しているだけでなく、理論面・技術面でも独特の特色を形成しています。近代武術理論家の徐哲東先生は、『国術論略』の中で、武当剣を「太極腰《タイジーヨオ》・八卦歩《バーグアーブー》が、剣法での新しい境地を切り開くこととなった。」と称してくれています。

武当剣には以下の四つの特徴があります。

① 因敵変化《インディーベエンホア》、不拘成法《ブージューチョンファー》

これは武当剣の戦略思想を表しており、中国剣術理論の神髄でもあります。これは套路を基礎練習として、散剣（単一の剣法の練習）を実戦で応用します。その理論は中国古代の太極・八卦などの〝変易の理〟の思想を取り入れ、戦略面からは「剣に既成の方法はなく、相手によって変化し、勝利を制すること。」「剣の秘訣は全体の変化を見抜く

李徳印と李徳芳の対剣

ことであり、相手が微動すれば我は先に動き、動けば則ち変化し、変化すれば則ち行き着く。」と強調しています。

② 乗虚蹈隙《チョンシュイダオシー》、避青入紅《ビーチンルーホン》

これは武当剣の戦術原則を表しています。つまり相手の勢いに順じて力を借り、静にして動を待ち、後より発して先んずるに至るということです。実戦の時は実を避けて、虚を撃ちます。接することなく、遮ることなく、迎えることなく、支えることなく、一撃により、必ず命中します。いわゆる「不沾青《ブーヂャンチン》、入紅門《ルーホンメエン》」。つまり、「不沾青」とは力ずくで相手と争ってはならないということであり、「入紅門」とは剣を出せば必ず血を見る、まさに一撃命中であるということです。この様な実を避けて、虚を突き、佚を以て労を待つ、後発先制の剣術のことを、人々は「内家剣法」と呼んでいます。

③ 身与剣合《シェンユイジエンホー》、剣与神合《ジエンユイシンホー》

これは武当剣の技法要領を表しています。剣を扱う上で、身法・歩法・剣法の一体化を図ることを強調しています。そうすれば、身体は龍の如く、剣は稲妻の如く、歩法は活発円滑に、身法はしなやかで強靭になり、いわゆる「太極腰、八卦歩」と称される状態になるわけです。更に剣神を合一させることも強調しています。剣に意識・精神を到達させれば、力は剣の先を貫いて、気は剣の端々まで突き抜けて、まさに神・意・気・力が剣法の中に連なっていくことになります。

④ 走化旋翻《ゾォウホウアシュアンファン》、軽穏疾快《チンウェンジークァイ》

これは武当剣の特徴を表しています。武当剣では、どんな剣法を実践する際にも進退変化の中でも「動けば風の如く、静まれば山の如く、穏やかにして放てば一瞬で至る」という軽快さと力強さが均しく要求されます。武当剣は元々豊富で多様な剣法があることで有名ですが、前後左右の変化だけでなく、飛びあがったり、空中で一撃したり、地に回転したりする剣法もあります。武当剣のこの様な〝妙手〟に対して、人々からは「身を空に翻せば鳥も驚き、地に転がれども塵一つ付かず、瞬時の一撃は風の速さで、その剣が見えず、変化にあっては剣の輝きが見えるのみで、人を見ること叶わず」と形容されています。

武当太極剣

武当太極剣は、中国武術名師である、私の父・李天驥が太極剣と武当剣を合わせて編纂したものです。この套路は伝統武当剣と太極剣の風格を取り入れて、太極剣の「軽緩《チンホアン》連綿《レンメン》・動中寓静《ドンヂョンユイジン》・剛柔相済《ガンロウシャンジー》・形意並重《シンイービンヂョン》」の特徴と、武当剣の「太極腰・八卦歩」の特徴を合わせ体現しています。動作は優美瀟洒・活発多変・快慢が交互に現れる特徴があり、且つ、巧妙にその二者が融合しています。練習するときは、動けば蛟龍が空中を自在に飛び舞う如く、自由自在に、静まれば山の如く、穏やかに、沈着安定して、極めて斬新で趣がある剣術套路となっています。

この套路は四十九個の動作を組み合わせて構成されており、点剣《ディエンジエン》・掃剣《サオジエン》・帯剣《ダイジエン》・撩《リヤオ》剣《ジエン》・雲剣《ユンジエン》・抱剣《バオジエン》・截剣《ジエージエン》・刺剣《ツージエン》・崩剣《ボンジエン》・圧剣《ヤージエン》・穿剣《チュアンジエン》・抽剣《チョウジエン》・蔵剣《ツアンジエン》・托剣《トウオジエン》・挂剣《グアジエン》・劈剣《ピージエン》・斬剣《ヂャンジエン》・抹剣《モージエン》などの十八種の剣法が含まれています。套路を一通り表演するのにかかる時間は、約四分前後です。

注① 宋唯一（1855～1926）

自ら述べた伝記の中で、十五才の時、清末の道人（道士の尊称）、武当剣八代目の張野鶴について武当剣術を学んだとある。

注② 李景林（1885～1931）

河北省棗強県の人。武術世家に生まれ、幼少から武術を学ぶ。清の末期に保定講武堂を卒業後、日本に留学し、士官学校に入学。帰国後、禁衛軍士官、黒龍江省監軍署参謀長、参戦軍団長、奉天軍師長、軍長、聯軍総司令官を歴任。1927年、軍界を引退、張之江らと南京で国術研究館を創立。翌年、中央国術館に改組し、その副館長に就任（張之江は館長に就任）。1928年、中華体育会が成立すると、その会長を務める。宋唯一に武当剣を習い、宋の《武当剣術》を取得し、剣術に対する研究を深めるとともに、楊建侯について太極拳を学び、太極拳にも精通する。

二

剣と剣術の基本

剣の各部の名称（写真A）

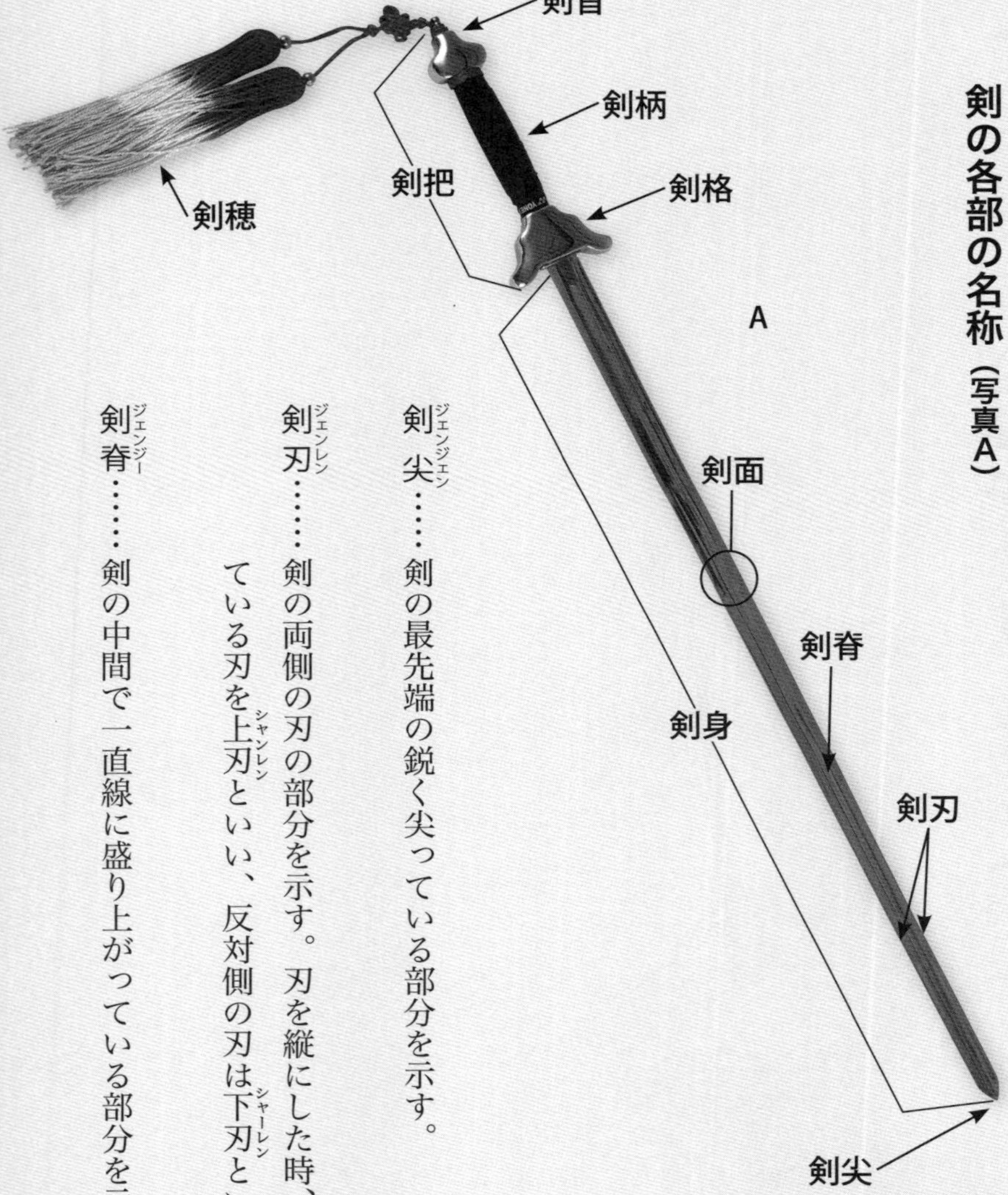

剣尖《ジェンジェン》……剣の最先端の鋭く尖っている部分を示す。

剣刃《ジェンレン》……剣の両側の刃の部分を示す。刃を縦にした時、上に向いている刃を上刃《シャンレン》といい、反対側の刃は下刃《シャーレン》という。

剣脊《ジェンジー》……剣の中間で一直線に盛り上がっている部分を示す。

剣面《ジェンメン》……「剣脊」を含む平らの部分を示す。

剣身《ジェンシェン》……「剣尖」、「剣刃」、「剣脊」、「剣面」の総称。

剣格《ジェンゴー》……「剣身」と「剣柄」の間の鍔《つば》の部分を示す。

剣柄《ジェンビン》……「剣格」の後部で握って持つ部分を示す。

剣首《ジェンショウ》……「剣柄」の柄頭の部分を示す。

剣把《ジェンバー》……「剣格」、「剣柄」、「剣首」の総称。

剣穂《ジェンスウィ》……「剣首」につける房をいう。

剣の長さは、腕をまっすぐに下げ、掌心を後ろに向けて剣を持った時を基準として、「剣先」が耳の上端と揃う。剣の重量制限はない。

剣の持ち方

1 左手の持ち方

左腕は自然に伸ばし、親指と中指、薬指、小指は下側から上に向け、「剣格」（剣の鍔）を持ち、人差指をまっすぐに伸ばして「剣柄」につけ、剣の刃が身体に触れないように前腕の後ろにつける（写真B—1・2・3）。

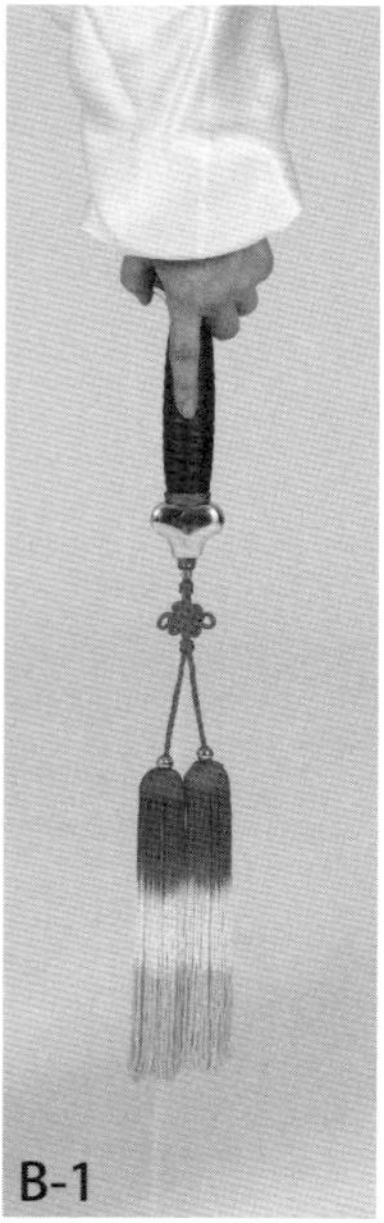
B-1

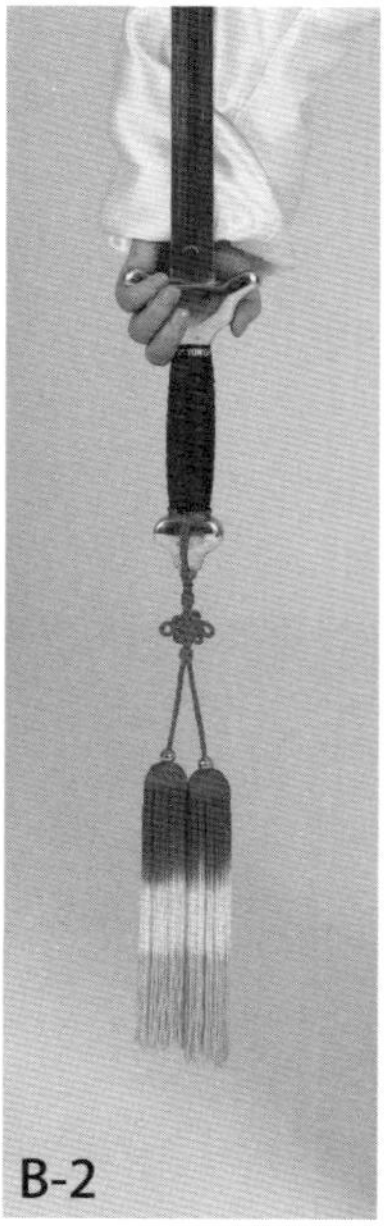
B-2

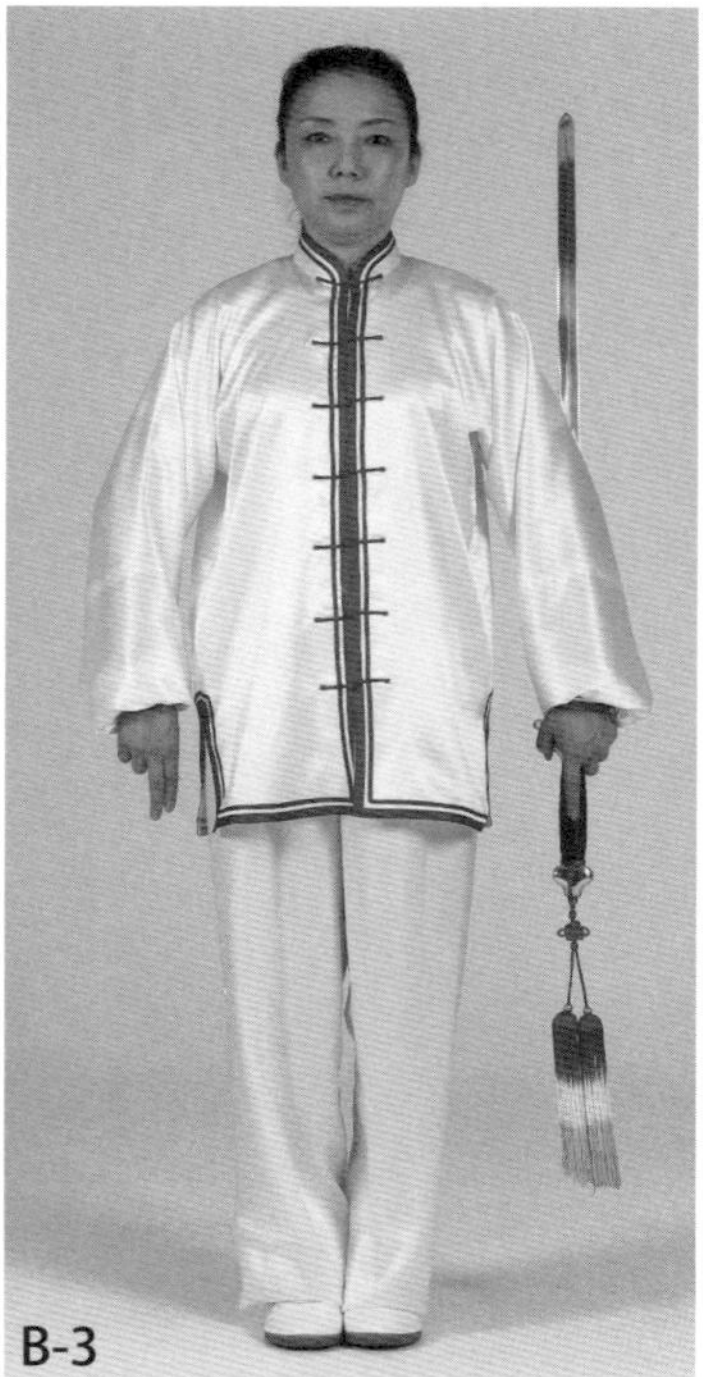
B-3

2 右手の持ち方

基本の持ち方は、「虎口《フーコウ》」（人差指と親指の間）を「剣格」に近づけ、剣刃の向きと合わせて「剣柄」を握る（写真C）。剣刃を上下に向けるのは「立剣《リージェン》」といい（写真D）、剣刃を横に向けるのは「平剣《ピンジェン》」という（写真E）。

動作を行う時、剣法の変化によって持ち方も変えなければならず、その持ち方は「活把握剣《ホーバーウオジェン》」といい、剣の練習の中で重要なことである。つまり、手を硬く握りしめずに動作によって、指を使ったり、掌心全体を使ったりして剣を握り、剣法の霊活《リンホー》

C

D

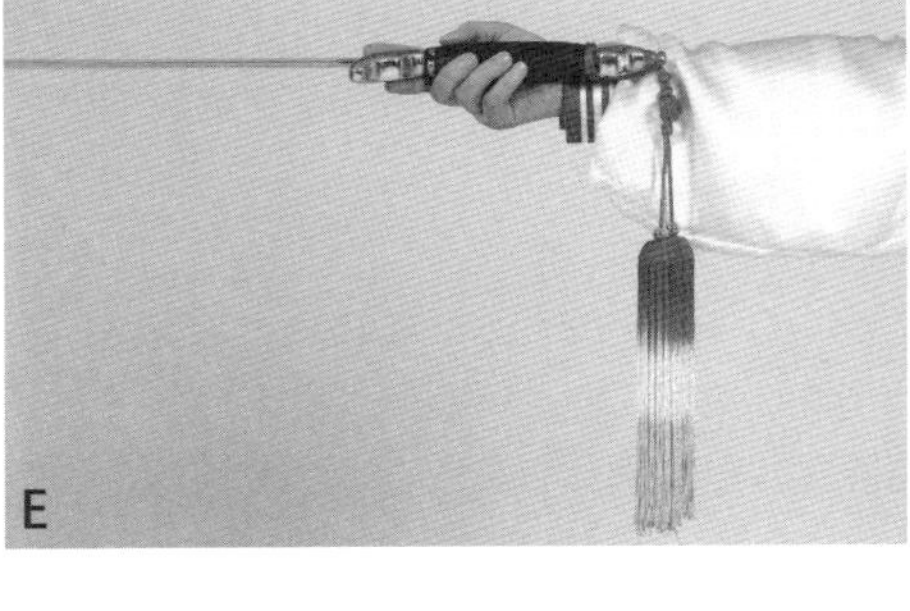
E

多変《ドゥオベン》、剛柔相済《ガンロウシンジー》、重意不重力《ヂョンイーブーヂョンリー》の特徴を十分に表現できるようにするためである。一般的に初心者は剣を硬く握ることが多く、力を使い過ぎて、剣を思うように動かせず、剣法を正確にはっきり表すことができない。この問題を解決するため、「活把握剣」を身に付けるのは大切なことである。ここでいくつかの持ち方を例として紹介する。

例

「点剣」する時の持ち方（写真F）。

「撩剣」する時の持ち方（写真G）。

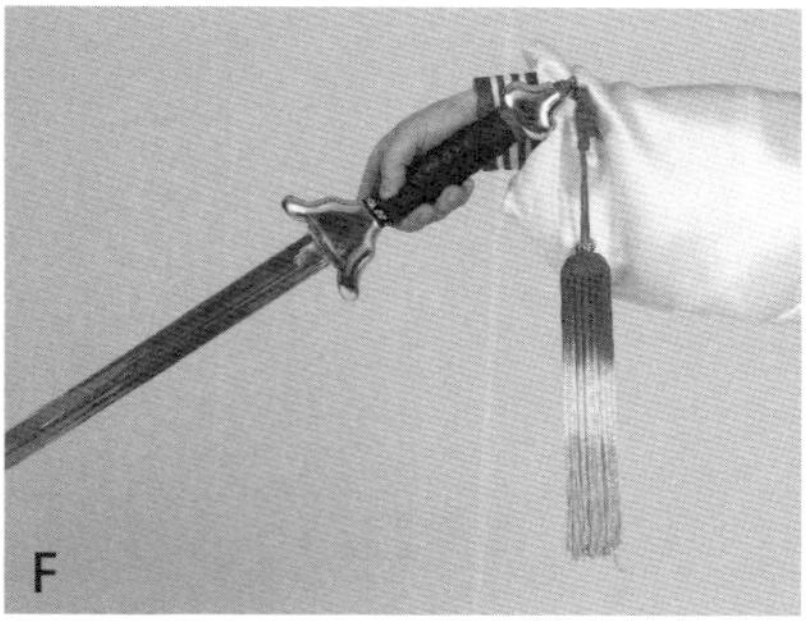
F

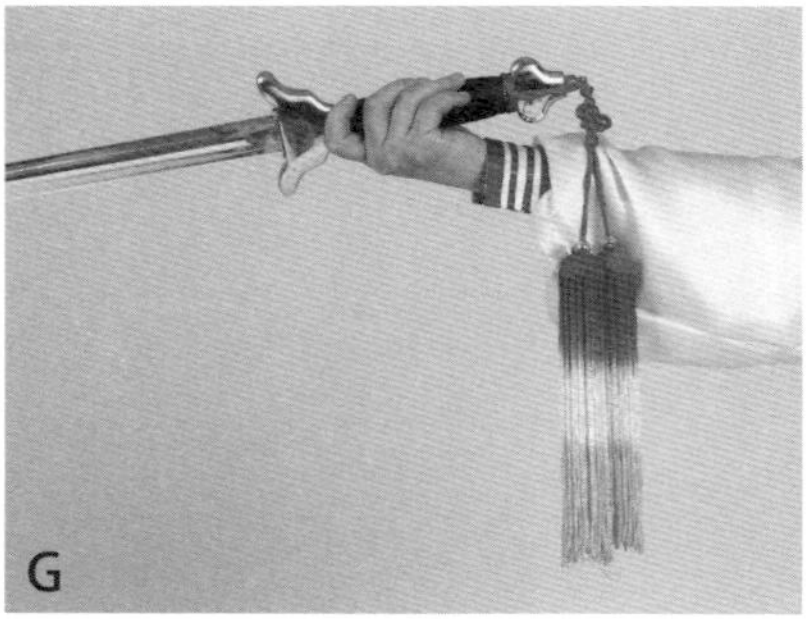
G

「反刺剣」する時の持ち方（写真H）。

「崩剣」する時の持ち方（写真I）。

個人の習慣によって、剣法の変化の過程で、持ち方が多少違うこともある。どんな持ち方でも、剣を円滑に応用させ、剣法を表せればよい。

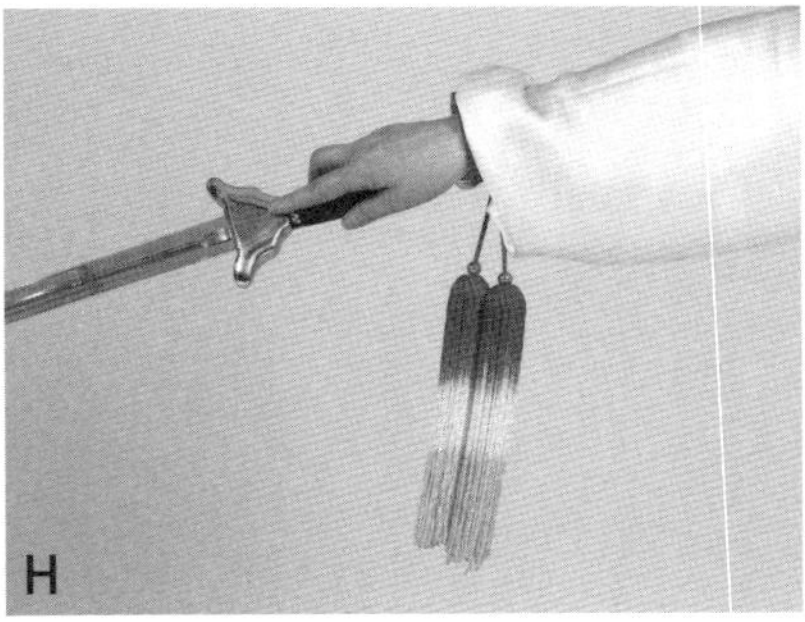

H

I

基本動作

◆手型《ショウシン》（剣指《ジェンヂー》）

人差指と中指を揃えてまっすぐに伸ばし、ほかの三本の指を掌心に向けて曲げ、親指は薬指と小指の第一関節の上を押さえる（写真A）。

◆歩型《ブーシン》

並歩《ビンブー》……両足を自然に伸ばし、つま先を前に向け揃えて立つ（写真B）。

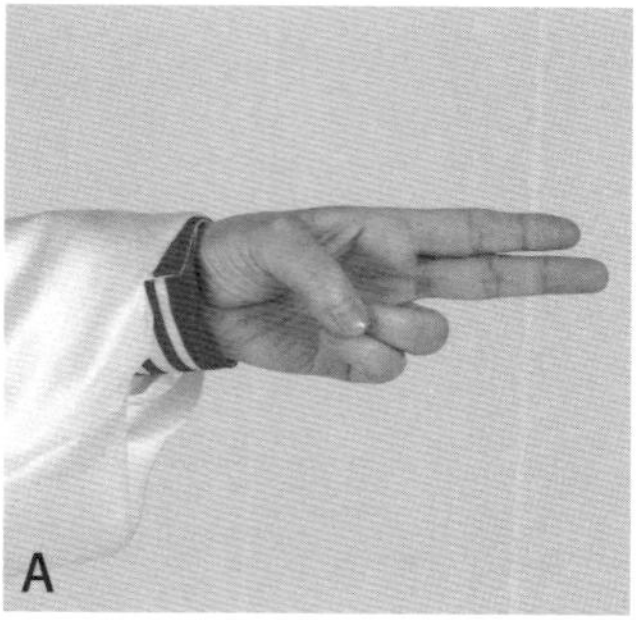
A

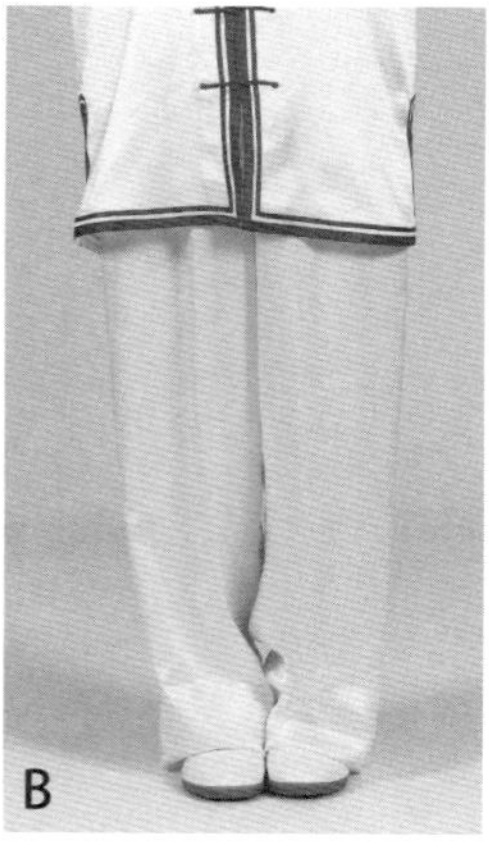
B

平行歩《ピンシンブー》……両足を左右に開き、つま先を前に向け、両足の外側は肩幅と同じ広さにする（写真C）。

弓歩《ゴンブー》……両足を前後に開き、前足のつま先を前方に向け、膝はつま先と同じ方向に曲げる。後ろ足は自然に伸ばし、つま先を斜め前方に向け（45～60度）、両足の裏は全面を着地させる。両足の横幅は約10～30㎝とする（写真D）。

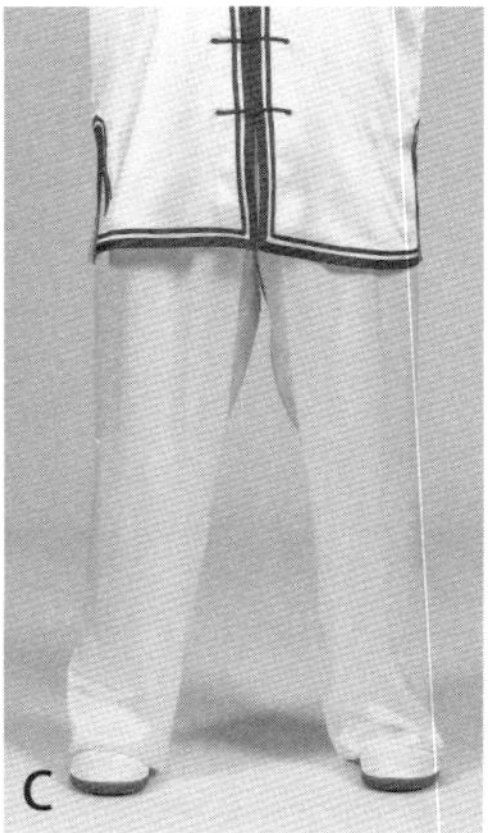
C

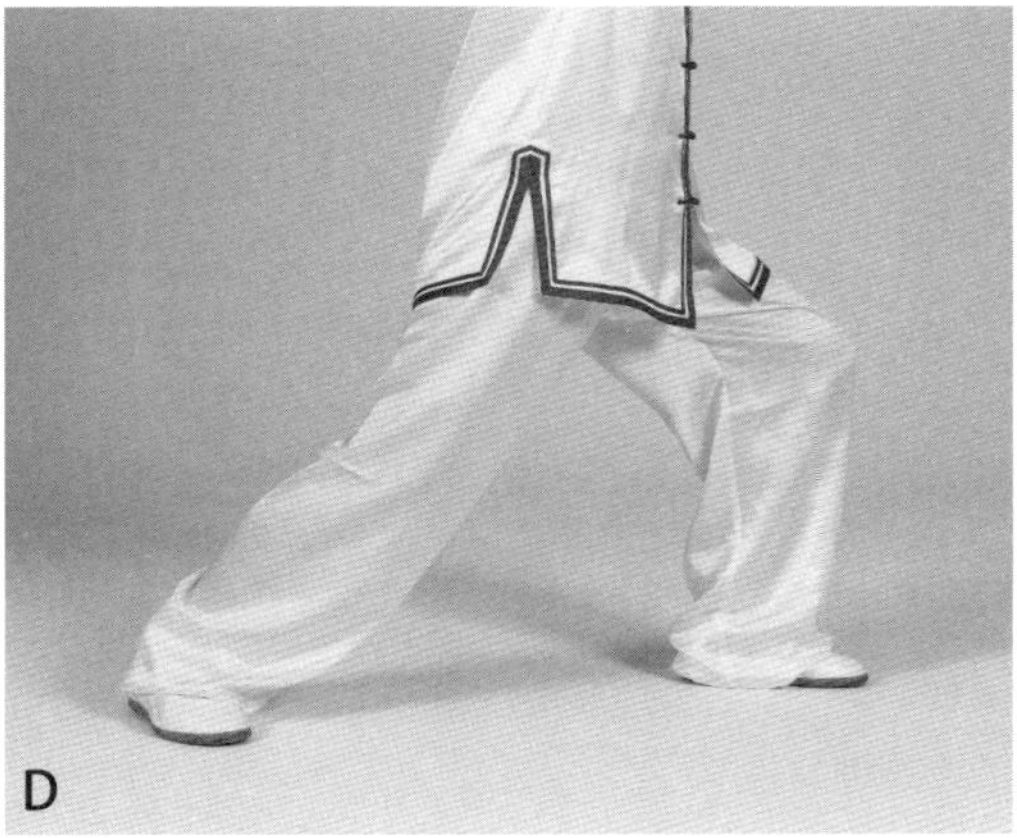
D

歇步《シェーブー》……両足を前後に交差させ、両膝を曲げ、前足のつま先は外向きにして、後ろ足のかかとを上げ、後ろ足の膝を前足のふくらはぎの外側につけ、重心はやや後ろ足にする（写真E）。

独立歩《ドゥーリーブー》…片足は自然に伸ばして立ち、もう一方の足は体の前、または斜め前に膝を曲げて高く上げ、膝から下の部分を自然に伸ばす（写真F）。

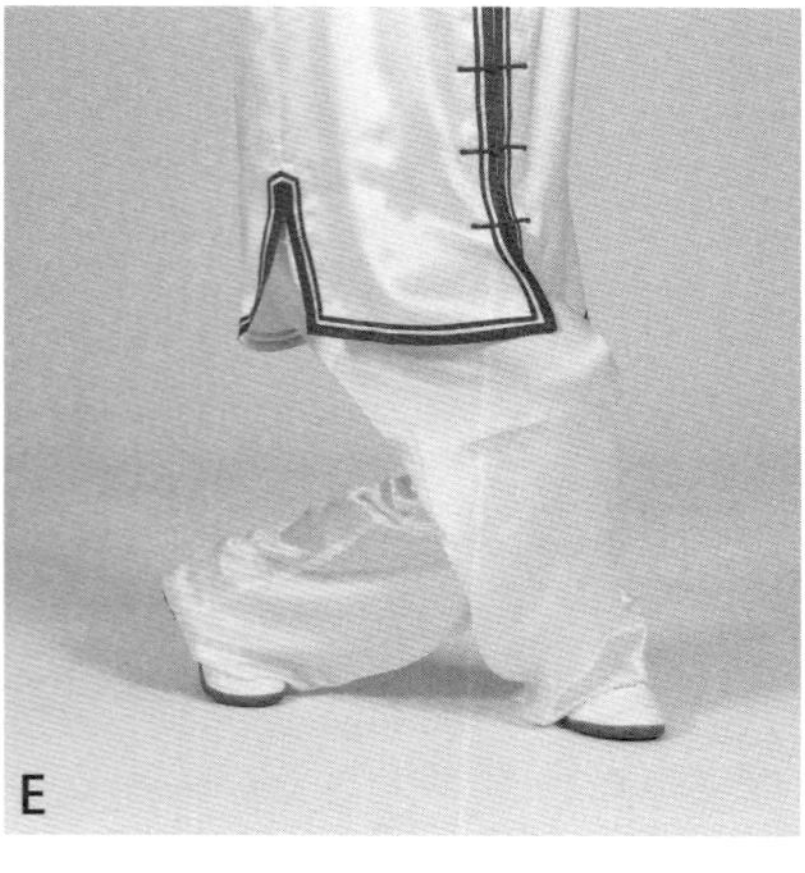

E

F

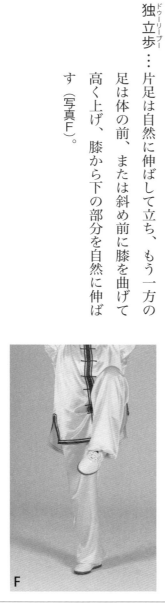

仆歩《プーブー》……腰を落とし、片足は膝を深く曲げ、膝とつま先をやや外側に向ける。もう一方の足は横に自然に伸ばして、地面と水平に近づけ、つま先を内側に入れて前に向ける。両足の裏は全面を着地させる（写真G）。

叉歩《チャーブー》……片足はつま先を外側に向け、膝をつま先の方向に向けて曲げる。もう一方の足は斜め後ろに差し込む。足底前部を着地させ、足を自然に伸ばし、両足を交差させる。重心は前足に約七割、後ろ足に約三割をかける（写真H）。

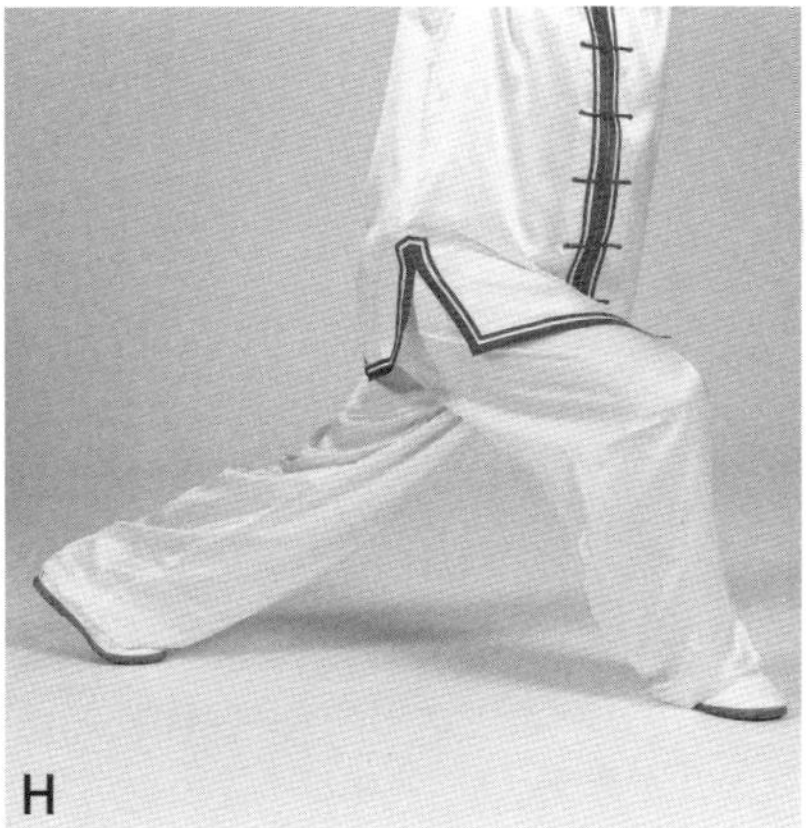
H

G

馬歩《マーブー》……両足を左右に肩幅の約二倍にひらく。つま先は正面に向け、両膝をつま先と同じ方向に曲げ、腰を落とす（写真I）。半馬歩の時、重心の六割を右足、四割を左足に置き、左つま先をややひらく。

丁歩《ディンブー》……片足は膝を曲げ、腰を落とし、軸足として体を支える。もう一方の足は軸足の内側に寄せ、足底前部を着地させる（写真J－1・2）。

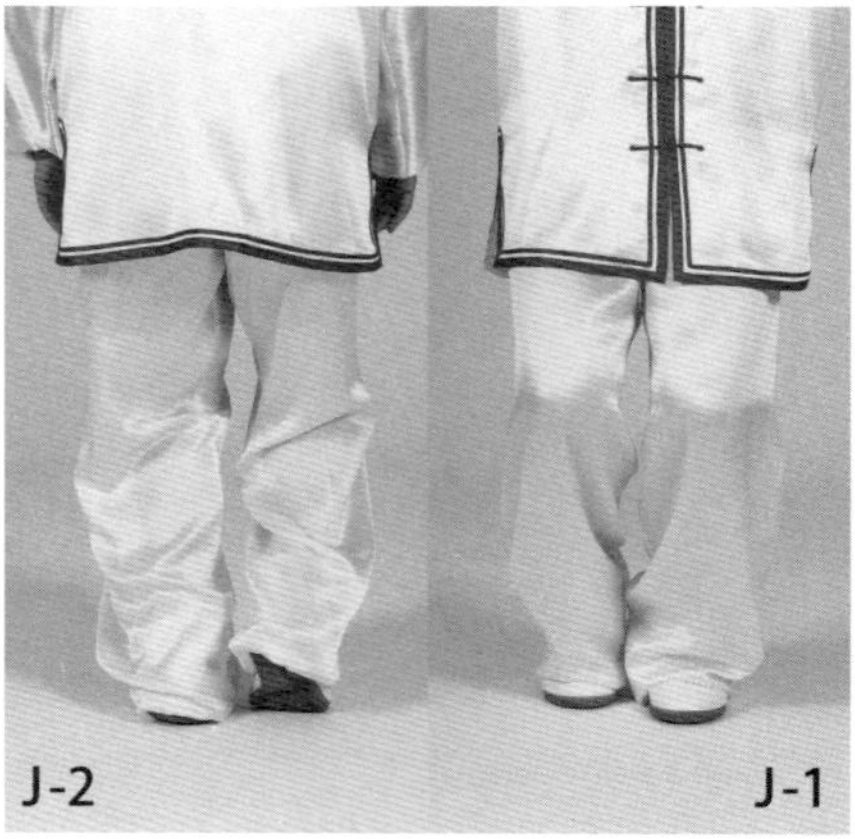
J-2　J-1

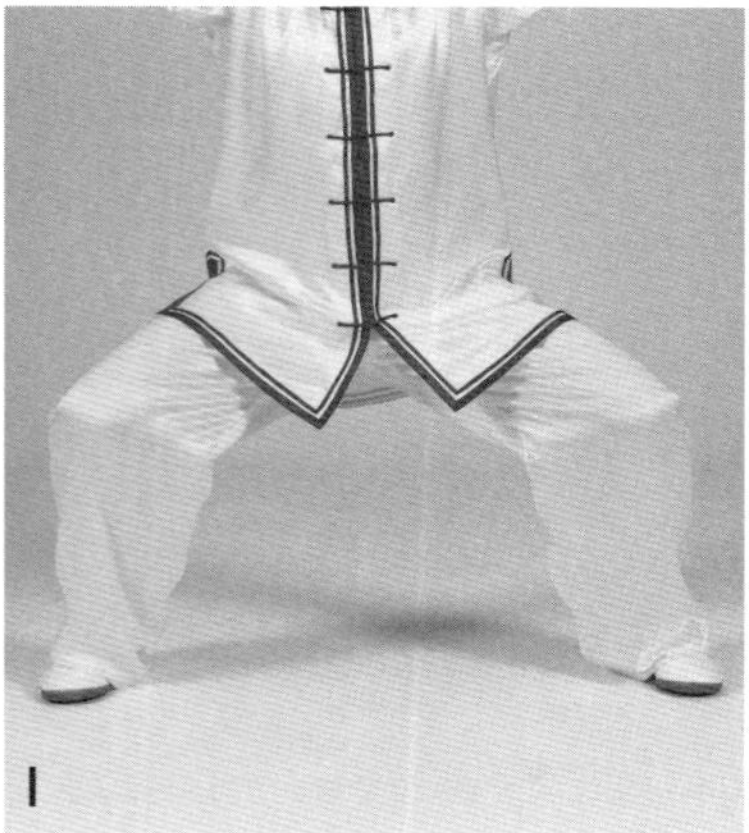
I

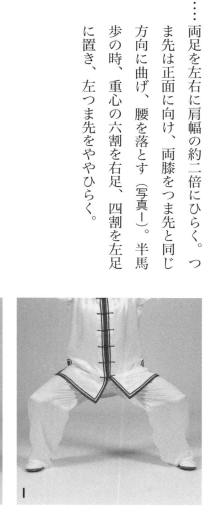

虚歩《シュイブー》……後ろ足の膝を曲げ、腰を落とし、つま先を斜め約45度に向ける。前足は膝をわずかに曲げ、足底前部を着地させる。両足の横幅は約10㎝とする（写真K）。

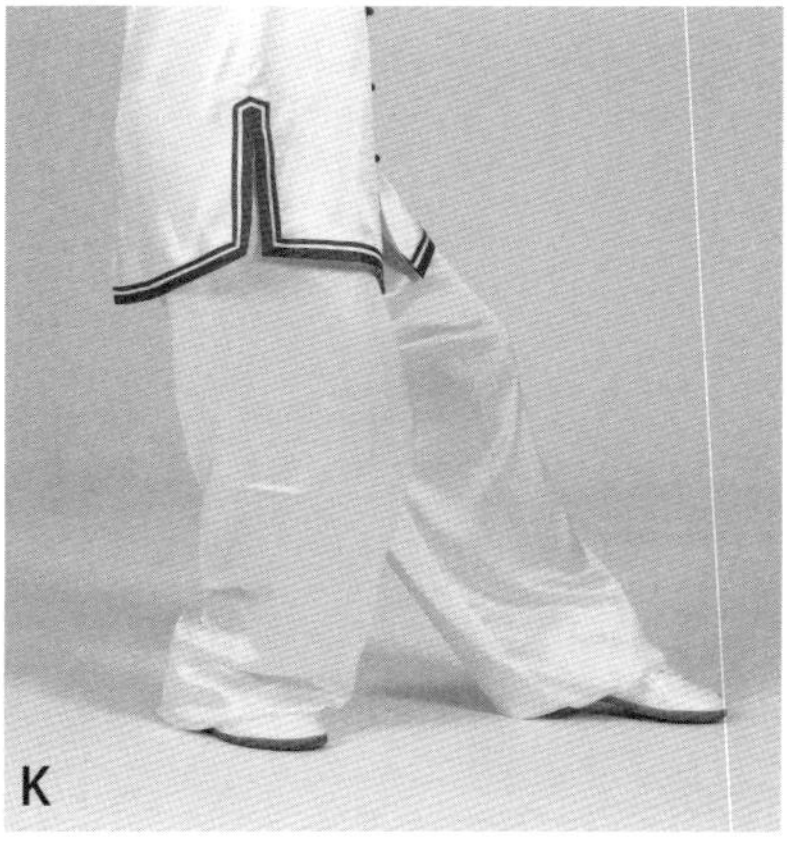
K

◆歩法《ブーファー》

開歩《カイブー》……片足は体を支え、もう一方の足は横にひらき、つま先から着地させる。

上歩《シャンブー》……後ろの足を前に一歩進める。または前の足を前に半歩進める。

並歩《ビンブー》……片足は体を支え、もう一方の足はその足と揃える。

撤歩《チョーブー》……前の足または後ろの足を後ろに半歩あるいは一歩退く。「退歩」ともいう。

叉歩《チャーブー》……軸足は体を支え、もう一方の足はその足の斜め後ろに差し込み、両足を交差させる。

擺歩《バイブー》……足を前に踏み出す時、つま先を外側に向ける。

扣歩《コウブー》……足を前に着地する時、つま先を内側に向ける。

碾歩《ニエンブー》……かかとまたは足底前部を軸にして、つま先を外側にひらくか、内側にまわし込む。

蓋歩《ガイブー》……軸足は体を支え、もう一方の足はその足の前を通って着地する。

跳　歩《ティアオブー》……片足で地面を蹴って上に跳び、もう一方の足を前方に足底前部から着地する。あるいは、両足底前部を同時に着地させる。両足が同時に地面から離れる瞬間がある。

行歩《シンブー》……両膝は曲げて腰を落とし、円に沿うようにあるく。

◆腿法《トゥイファー》

蹬脚《ドンジャオ》……軸足を自然に伸ばして立つ。もう一方の足は膝を曲げて引き上げ、つま先をそらせ、かかとに力を注いでゆっくりと蹴り出す。

分脚《フェンジャオ》……軸足を自然に伸ばして立つ。もう一方の足は膝を曲げて引き上げ、足の甲を伸ばし、つま先に力を注いでゆっくりと蹴り出す。

◆身型《シェンシン》

頭と首はまっすぐ上に突き上げるようにし、下顎をやや引く。肩をリラックスさせ、胸は伸びやかにして、前に張り出したり、わざと縮めたりしてはいけない。体をまっすぐに保ち、前後にそらさず、左右に傾けない。

◆身法《シェンファー》

動作を行う時に、体は自然な姿勢を保ち、腰を軸にして、回転はゆるやかで自在に、腰で腕を導き、腕で剣を導く。「身与剣合《シェンユィジェンホー》・剣与神合《ジェンユィシェンホー》」（体と剣を合わせ・剣と心を統一させる）にして、協調一致させせながら動作を行う。動作はこわばって停滞したり、形をくずしたりしてはいけない。

◆眼法《イェンファー》

動作を行う時、精神を集中させ、動きには注意力を伴い、表情は自然にし、動作とバランスがとれるようにする。定式《ディンシー》（一つの動作が終了する姿勢）の時、目は前方あるいは剣指、剣を見る。

剣法

剣法とは剣の用法のことである。古代剣術では撃《ジー》・刺《ツー》・格《ゴー》・洗《シー》の四種類の剣法を母剣と称している。

「撃法《ジーファー》」とは、剣刃の前部でたたいたり、突いたりする動作。例えば、「点剣」、「崩剣」など。

「刺法《ツーファー》」とは、剣先で各種の突き刺す動作。例えば、「上刺」、「下刺」など。

「格法《ゴーファー》」とは、剣先あるいは剣刃の前部で相手の攻撃か武器を払う動作。例えば、「掛剣」、「挑剣」など。

「洗法《シーファー》」とは、剣を振り回すことにより、力を剣刃に込めて攻める動作。例えば、「撩剣」、「帯剣」、「抽剣」など。

現代の剣法は種類があまりにも豊富で、名称も全て統一されている訳ではないので、ここでは武当太極剣の中の主な剣法と、その名称を紹介する。

点剣《ディエンジェン》…立剣で上から下へと打ちおろす。腕を自然に伸ばし、手首を下に曲げ、力点は剣先にある。

掃剣《サオジエン》……平剣で左（右）に向かってなぎ払う。力点は剣刃の中部から前端に移す。

帯剣《ダイジエン》……平剣で前から斜め後ろ、あるいは左（右）から右（左）へと弧を描いて引き切る。力点は剣刃の後部から前端に移す。

撩剣《リャオジエン》……剣刃を立て、剣は下から前方上へ弧を描きながらはね上げる。力点は剣刃の前部に達する。

雲剣《ユンジエン》……平剣で頭の前方上、あるいは頭の上で平円を描くようにまわす。

抱剣《バオジエン》……立剣あるいは平剣で体の前に両手で剣を抱える。

截剣《ジェージエン》……立剣で上から斜め下へ断ち切る。または、上から下へ押さえるように切る（截按）。力点は剣刃に達する。

刺剣《ツージエン》……立剣あるいは平剣でまっすぐに突き刺す。力点は剣尖に達する。「刺剣」には平刺剣《ピンツージエン》、上刺剣《シャンツージエン》、下刺剣《シャーツージエン》、反刺剣《ファンツージエン》（掌心を外側に向け、突き刺す）などがある。

崩剣《ボンジエン》……立剣で剣尖を上に向けてはね上げる。力点は剣先に達する。

圧剣《ヤージエン》……平剣で掌心を下向きにして、上から下へ押さえる。力点は剣面に達する。按剣《アンジエン》ともいう。

穿　剣《チュアンジエン》……平剣で右から左へと体の前を通って突き刺す。または、剣先が胸・腹部の前を通って右から左へ、前へと弧を描いて突き刺す。力点は剣尖に達する。

抽　剣《チョウジエン》……立剣で前から後ろへ引き切る。力点は剣刃に達する。

蔵　剣《ツァンジエン》……体または腕で剣を隠すようにする。

托剣《トウオジエン》……立剣で剣身を横にして下から上へと支え上げる。力点は剣刃に達する。架剣《ジャージエン》ともいう。

挂剣《グアジエン》……立剣で前から下へ、体に沿って左側あるいは右側の後方へ引っ掛けるようにまわす。力点は剣身前部に達する。

劈剣《ピージエン》……立剣で上から下へ切りおろす。力点は剣刃に達し、腕と剣は一直線になる。掄劈剣《ルンピージエン》は体の右側、あるいは左側に沿って立円を描いてから切りおろす。

斬剣《ヂャンジエン》……平剣で左から右へと平らに切る。力点は剣刃に達する。

抹剣《モージエン》……平剣で右（左）から左（右）に向かって弧を描いて引き寄せ、なでるように切る。力点は剣刃の後部から前端に移す。

腕花《ワンホア》……立剣で手首を軸にして、体の左側または右側に立円でまわす。

三 武当太極剣の図解

動作の名称

予備式　（ユィベイシー）
1　起　勢　（チーシー）
2　並歩点剣　（ビンブーディエンジェン）
3　回身点剣　（ホゥイシェンディエンジェン）
4　仆歩横掃　（プーブーホンサオ）
5　右左平帯　（ユウズゥオピンダイ）
6　分脚架剣　（フェンジャオジャージェン）
7　叉歩反撩　（チャーブーファンリャオ）
8　馬歩雲抱　（マーブーユンバオ）
9　丁歩截剣　（ディンブージェージェン）
10　翻身崩剣　（ファンシェンボンジェン）
11　弓歩下刺　（ゴンブーシャーツー）
12　独立上刺　（ドゥーリーシャンツー）
13　虚歩抱剣　（シュイブーバオジェン）
14　蹬脚前刺　（ドンジャオチェンツー）
15　跳歩平刺　（ティアオブーピンツー）
16　転身平刺　（ジュアンシェンピンツー）
17　行歩穿剣　（シンブーチュアンジェン）
18　行歩截按　（シンブージェーアン）
19　弓歩下刺　（ゴンブーシャーツー）
20　騰空跳刺　（トンコンティアオツー）
21　馬歩蔵剣　（マーブーツァンジェン）
22　回身反刺　（ホゥイシェンファンツー）
23　虚歩崩剣　（シュイブーボンジェン）

24 独立上刺（ドゥーリーシャンツー）
25 撤歩雲斬（チョーブーユンジャン）
26 仰身雲抱（ヤンシェンユンバオ）
27 転身回抽（ジュアンシェンホウイチョウ）
28 並歩平刺（ビンブーピンツー）
29 行歩撩剣（シンブーリャオジェン）
30 仰身撩剣（ヤンシェンリャオジェン）
31 蓋歩截按（ガイブージェーアン）
32 跳歩下刺（ティアオブーシャーツー）
33 歇歩圧剣（シェーブーヤージェン）
34 虚歩点剣（シュイブーディエンジェン）
35 独立托架（ドゥーリートゥオジャー）
36 左右挂劈（ズゥオユウグアピー）

37 歇歩後刺（シェーブーホウツー）
38 叉歩平斬（チャーブーピンジャン）
39 独立雲抱（ドゥーリーユンバオ）
40 叉歩平帯（チャーブーピンダイ）
41 弓歩平崩（ゴンブーピンボン）
42 提膝点剣（ティーシーディエンジェン）
43 歇歩反撩（シェーブーファンリャオ）
44 丁歩点剣（ディンブーディエンジェン）
45 丁歩抱剣（ディンブーバオジェン）
46 行歩穿剣（シンブーチュアンジェン）
47 雲剣平抹（ユンジェンピンモー）
48 並歩平刺（ビンブーピンツー）
49 収勢還原（ショウシーホァンユァン）

動作の説明

注① 動作の方向を説明する便宜上、南を正面とするが、特にこだわる必要はない。

注② 実線――右手・右足の次の動きを示す。
点線……左手・左足の次の動きを示す。

予備式《ユィベイシー》

1

1　予備式（ユィベイシー）

両足を揃え、両腕は体の両側に垂らす。左手は剣を持ち、掌心を後ろに向け、剣を前腕の後ろにつけて立て、剣先を上に向ける。右手は剣指にして、掌心を後ろに向ける。両腕は身体より約10cmの間隔をとる。目は前方を見る（写真1）。

要点

体は自然にして、肩の力を抜き、顎をやや引き、精神を集中させる。剣刃は体に触れないようにする。

一 起勢《チーシー》

3

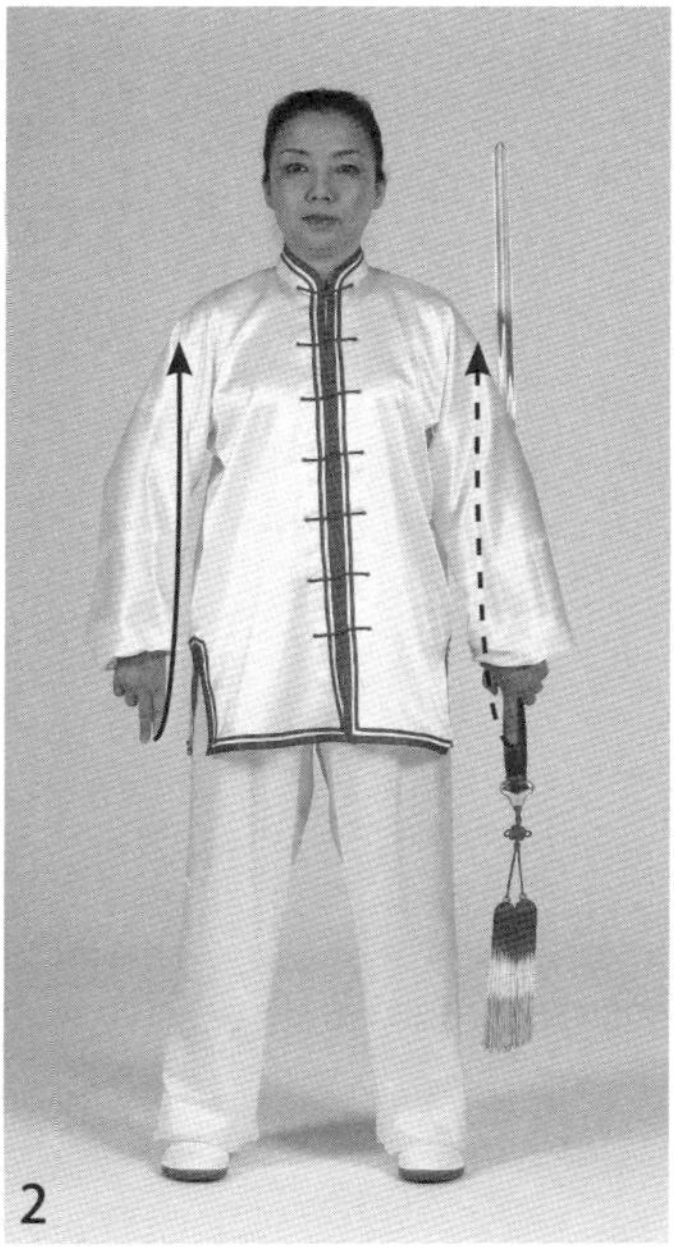

2

1　両脚開立（リャンジャオカイリー）

左足を肩幅と同じ広さに左へひらき、つま先から着地させ、重心を両足に移す。両腕はそのままにする。目は前方を見る（写真2）。

2　両手前挙（リャンショウチエンジュイ）

両腕を前に肩の高さまで上げ、掌心を下向きにする。両足はそのままにする。目は前方を見る（写真3）。

3　収脚収剣（ショウジャオショウジェン）

①　重心を右足に移して、左かかとは地面から離れる。同時に、体をやや右にまわし、右剣指は掌心を上向きに変え、腰のそばにおろし、左手は体を右にまわすにしたがい、右斜め前方上に移し、掌心は下向きのままにする。目は左手を見る（写真4）。

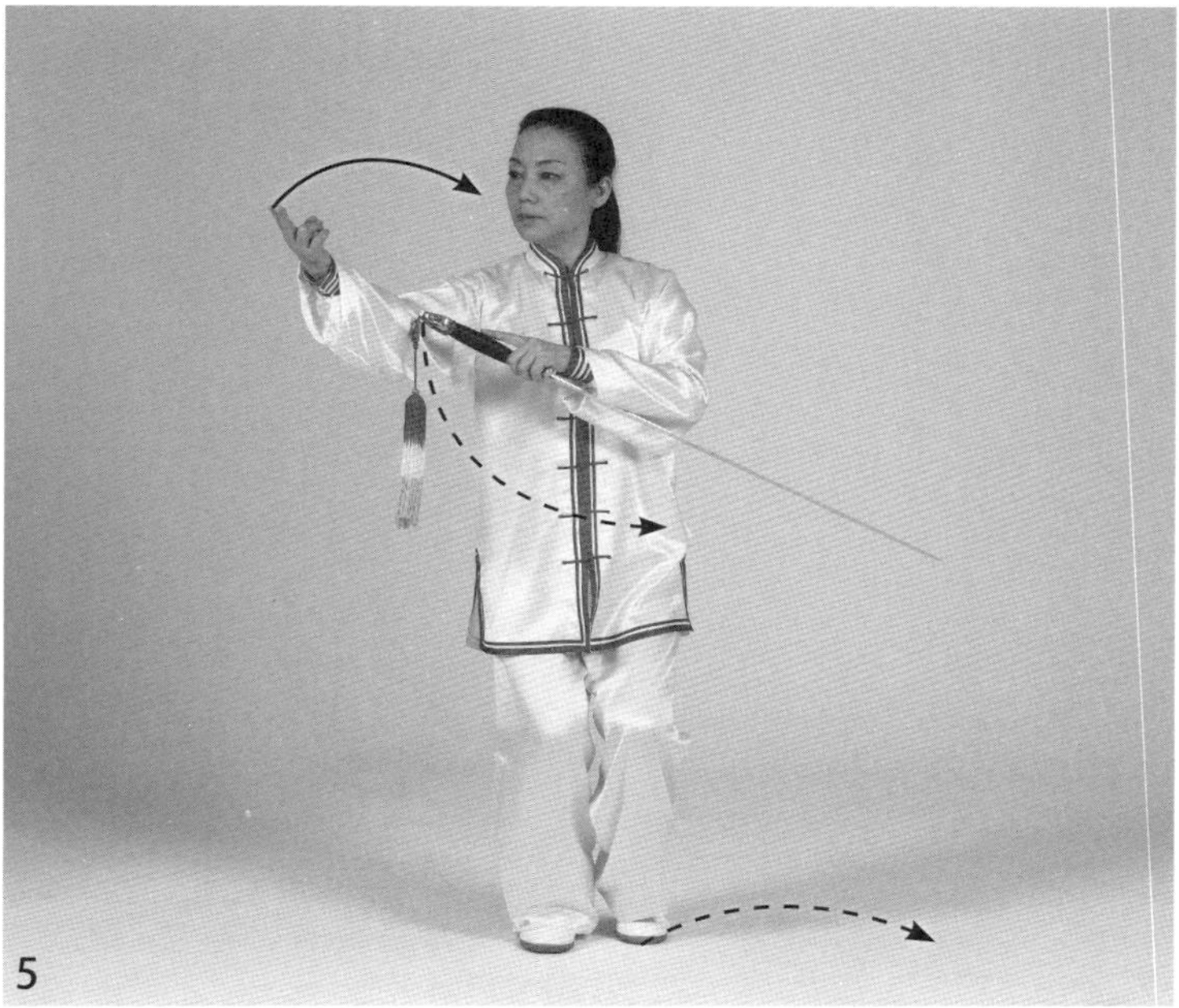

②

右膝を曲げ、腰を落とし、左足を右足の内側に引き寄せる。同時に、右剣指は右斜め上方に上げ、掌心を上に向ける。左手は右肘の内側に引き寄せ、掌心を斜め下に向ける。目は右剣指を見る（写真5）。

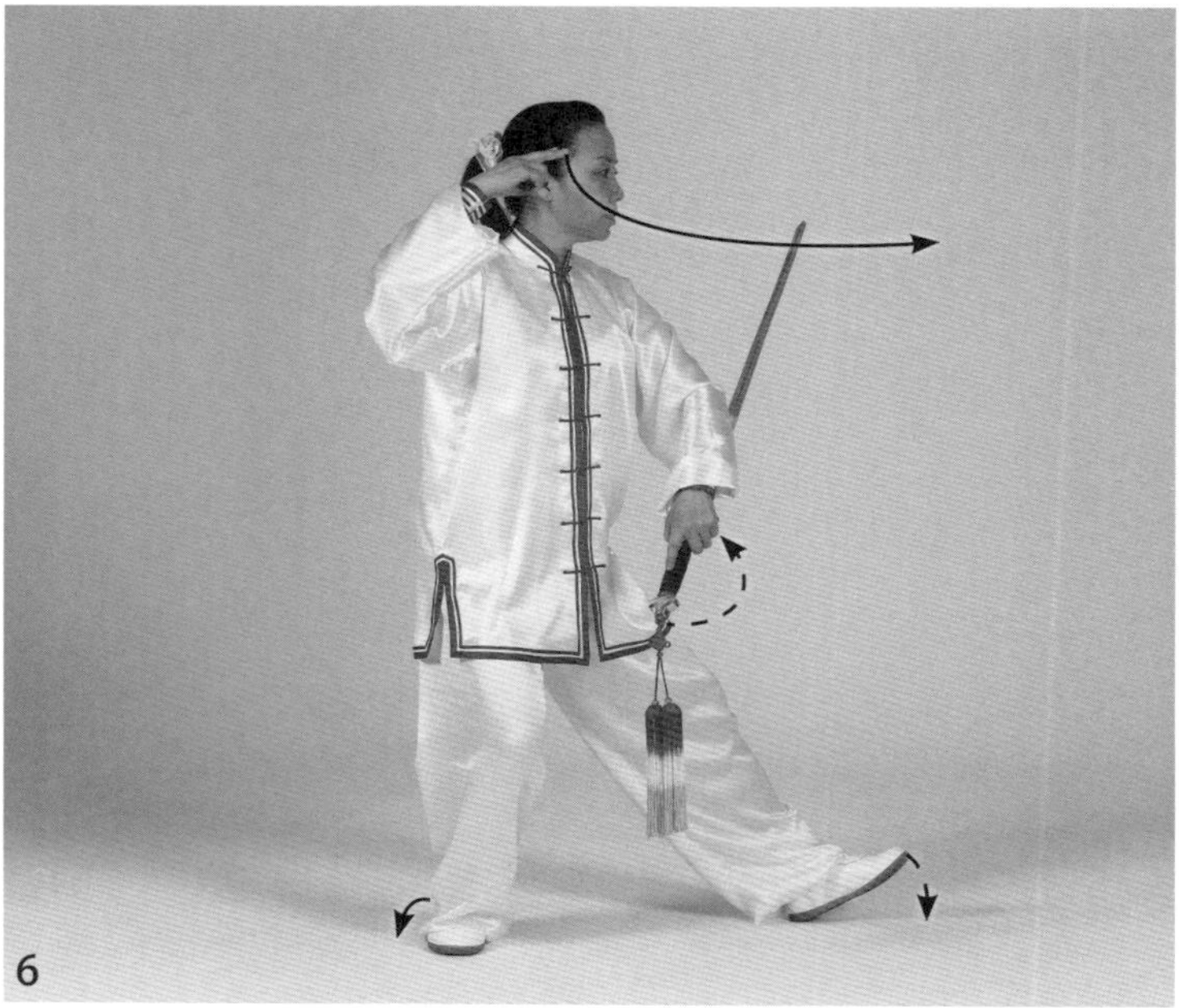
6

4　弓歩前指（ゴンブーチェンヂー）

①　体を左にまわし、左足を前方（東）に一歩踏み出し、かかとから着地させる。同時に、左手は下におろし、掌心を斜め下に向ける。右剣指は耳のそばに移し、掌心を斜め下に向ける。目は前方を見る（写真6）。

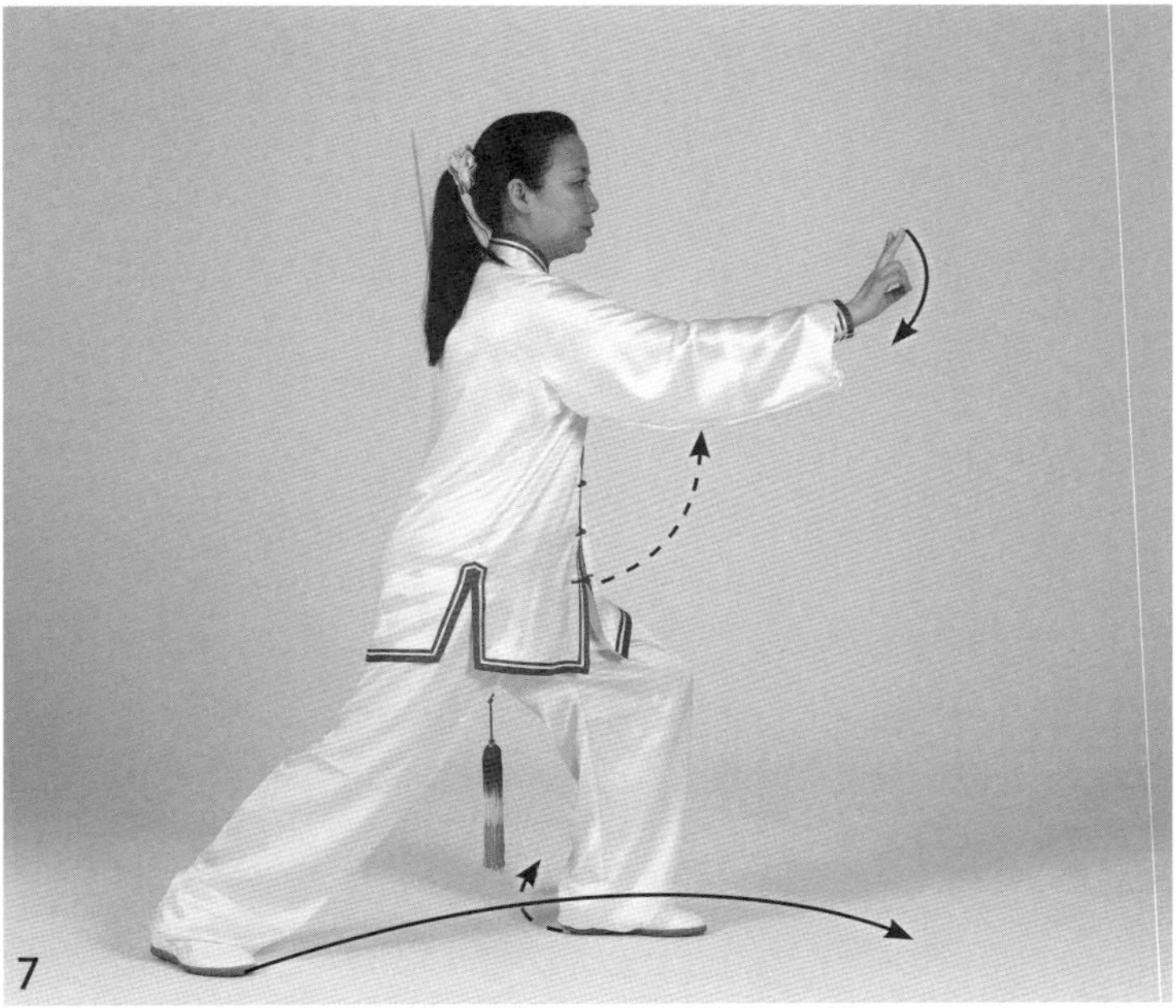

7

②
左つま先を踏みしめ、重心を左足に移し、右かかとを外側に蹴り出し、足を自然に伸ばして弓歩とする。同時に、左手は左に弧を描きながら体の左側に移し、肘をやや曲げ、剣をまっすぐにさせ、剣先を上に向ける。右剣指は前方に差し出し、掌心を前に向け、手首を肩と同じ高さにする。目は右剣指を見る（写真7）。

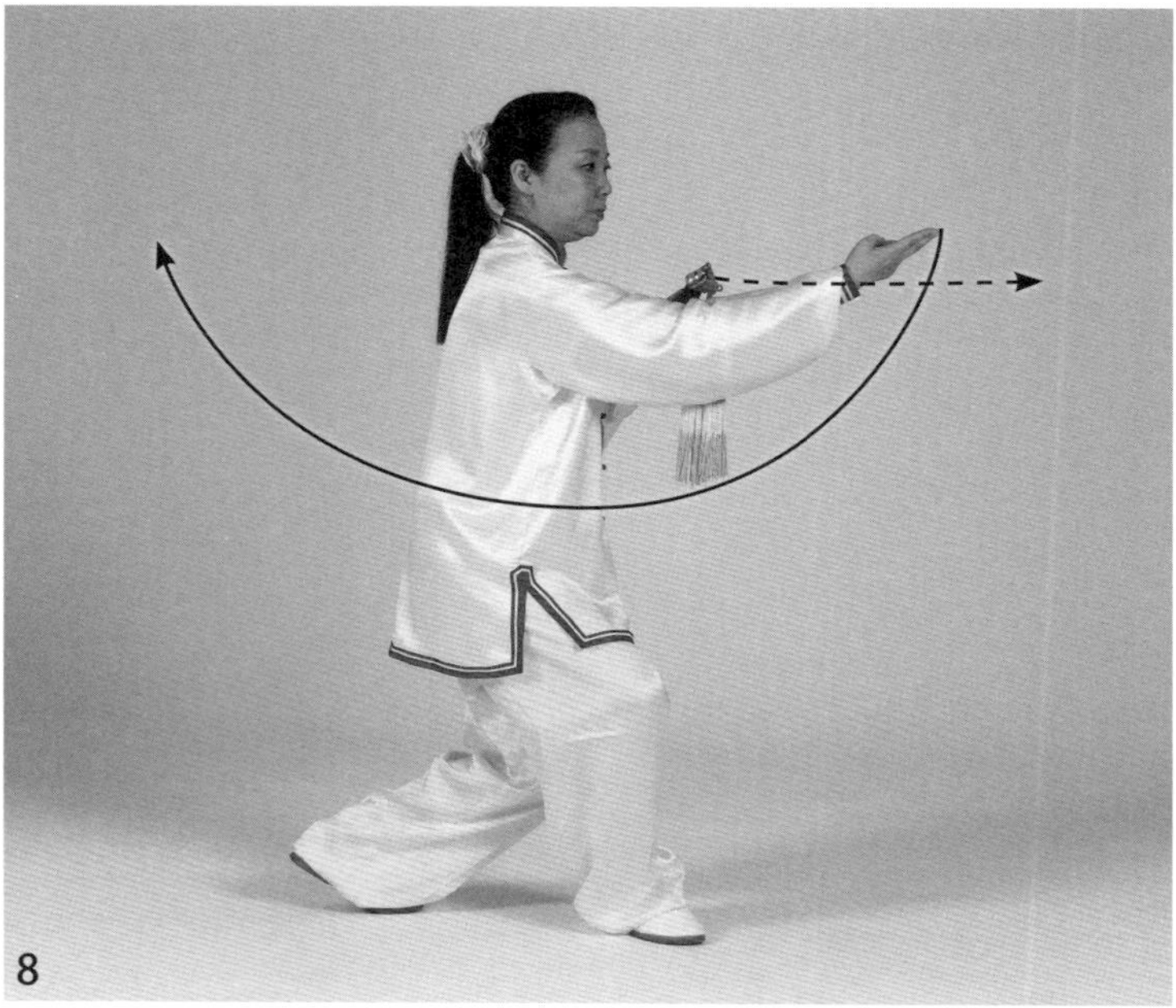

8

5 **歇歩展臂**（シェーブージャンビー）

右足を左足の前に一歩踏み出し、かかとから着地させ、つま先は外側に向ける。左かかとを上げ、両足を交差させて歇歩とする。同時に、体を右にまわし、右剣指は掌心を上向きに変え、下、右後方上へと弧を描いて上げ、掌心を斜め上に向ける。左手は右前腕の上から前方に差し出し、剣を左肘に付けたまま、掌心を斜め下に向ける。目は右剣指を見る（写真8・9）。

9

要点

①「歇歩」の時、左膝を右足のふくらはぎの外側につける。重心は左足に多くのせる。

②両腕を伸ばしすぎてはいけない。肩はリラックスさせ、肘をやや曲げる。

③左手を差し出す時は、剣を肘に付け、体に触れないよう注意する。

10

6　弓歩落手（ゴンブールオショウ）

体を左にまわし、左足を前方に一歩踏み出し、かかとから着地させる。重心を左足に移し、右足を自然に伸ばして弓歩とする。同時に、右剣指は頭の右上方を通って剣柄の上におろし、掌心を下に向ける。目は手を見る（写真10・11）。

要点

「弓歩」になる時、両腕を伸ばしすぎてはいけない。肩はリラックスさせ、肘をやや緩める。

二　並歩点剣
ビンブーディエンジェン

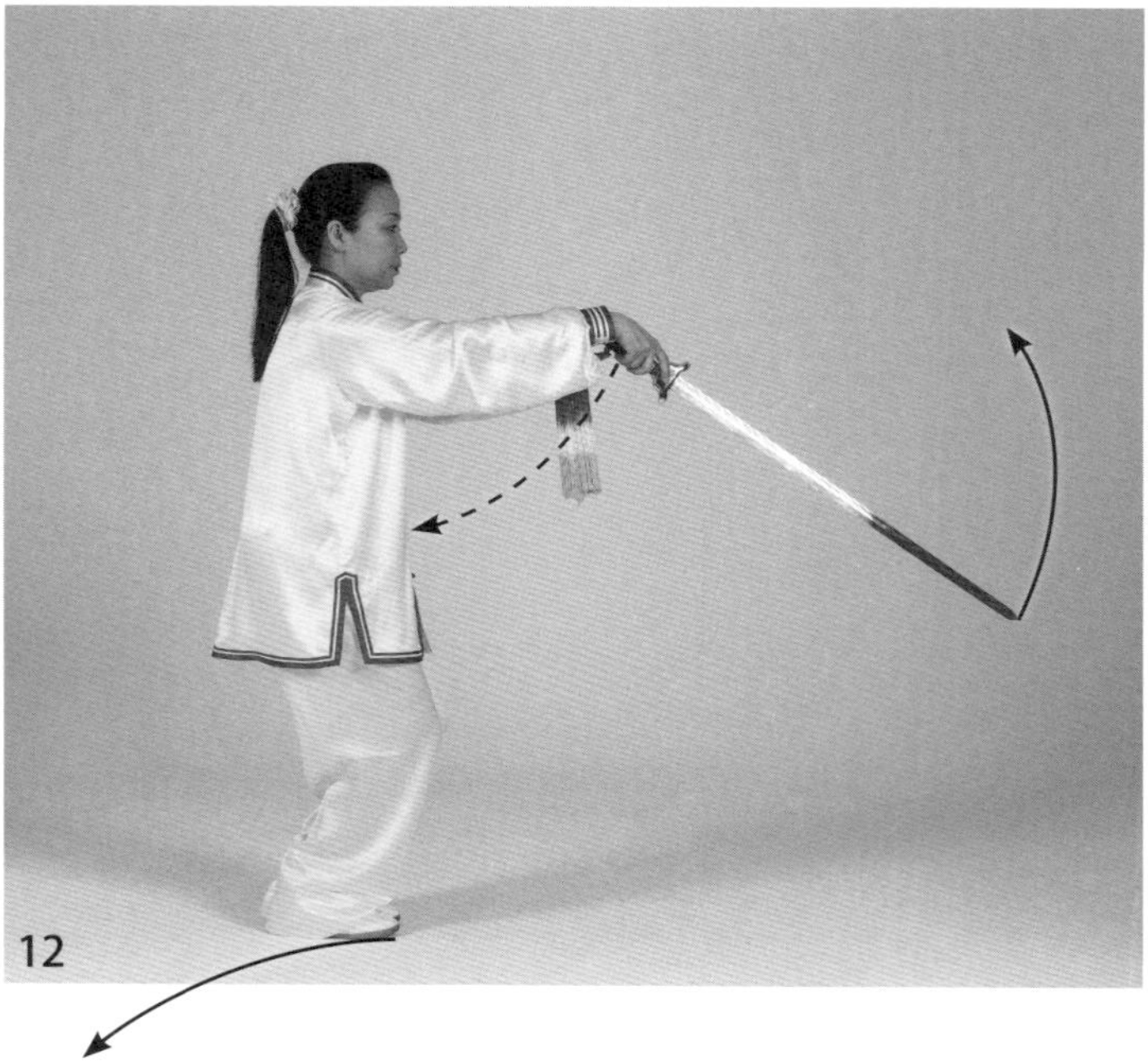
12

1　**並歩点剣**（ビンブーディエンジェン）

重心を左足に移し、右足を左足のそばに引き寄せ、つま先を前に向け、両足を揃え踏みしめて並歩とする。同時に、右手に剣を持ち変え、体の左側で立円を描き前方下段に向けて打ちおろす（点剣）。手首は肩の高さにして、剣先を斜め下約45度にする。左手は剣指に変え、右手首に添える。目は点剣の方向を見る（写真12）。

要点

「点剣」の時、右手首をやや下におろし、剣を下に打ちおろすと同時に手首を上に引き上げる。

三 回身点剣

ホウイシェンディエンジェン

13

1 撤歩挙剣（チョーブージュイジェン）

右足を右斜め後方へ一歩退き、つま先から着地させる。同時に、右腕を内旋させて掌心を外向きに変え、剣を上に上げる。剣指は腰のそばに移し、掌心を上向きに変える。目は剣先を見る（写真13）。

2 独立点剣（ドゥーリーディエンジェン）

右かかとを踏みしめ、重心を右足に移し、右足で立ち上がり、左膝を引き上げて独立歩とする。同時に、体を右にまわし、剣は右後方下に打ちおろし（点剣）、手首を肩の高さにして、剣先を斜め下約45度に向ける。剣指は頭の斜め上方に弧を描いて上げ、掌心を斜め上に向ける。目は点剣の方向を見る（写真14）。

要点

「定式」の時、体をやや前傾させ、左膝を高く引き上げる。「点剣」の方向は、西南約45度とする。

四　仆歩横掃《プーブーホンサオ》

①　1

撤歩落剣（チョーブールオジェン）

右膝を曲げて、左足を斜め後方に退き、つま先から着地させる。同時に、剣は肩の高さにする。剣指は右前腕の上におろして掌心を下に向ける。目は剣を見る（写真15）。

16

②
右膝を深く曲げ腰を落とし、体を左にまわして仆歩とする。同時に、剣は右腕を外旋させて掌心を上向きに変え、右膝の前におろす。剣指は左腹部の前に移し、掌心を上向きに変える。目は剣を見る（写真16）。

17

2　仆歩横掃（プーブーホンサオ）

重心を左足に移すにしたがい、体を左にまわし、左つま先を外側にひらいて膝を曲げ、右つま先を内側に入れ足を自然に伸ばして弓歩とする。同時に、剣は掌心を上向きにしたまま、右から左前方上へとなぎ払う（掃剣）。剣は胸の高さにして、剣先はやや上に向ける。剣指は左足の外側に突き刺し、上に弧を描いて頭の斜め上方に上げ、掌心を斜め上に向ける。目は剣先を見る（写真17）。

要点

「弓歩」の方向は、左前方約45度とする。剣先は右前方約45度に向ける。

五 右左平帯《ユウズゥオピンダイ》

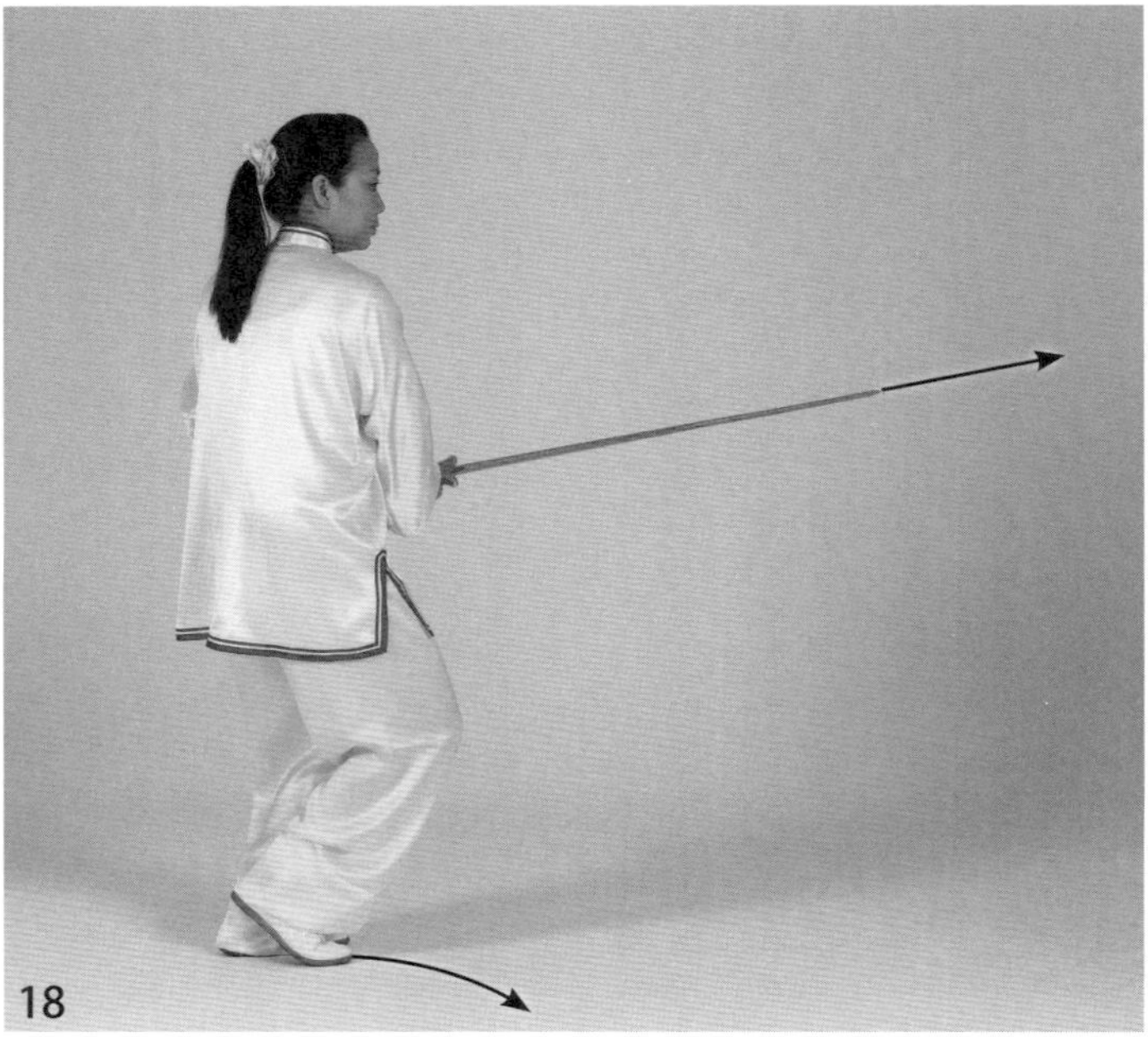

18

1 収脚収剣（ショウジャオショウジェン）

重心を左足に移し、右足を左足の内側に引き寄せる。同時に、体を左にまわし、剣は左腰のそばに引き寄せ、剣先を前に向け、掌心を上向きのままにする。剣指は右手首の上におろし、掌心を下に向ける。目は剣先を見る（写真18）。

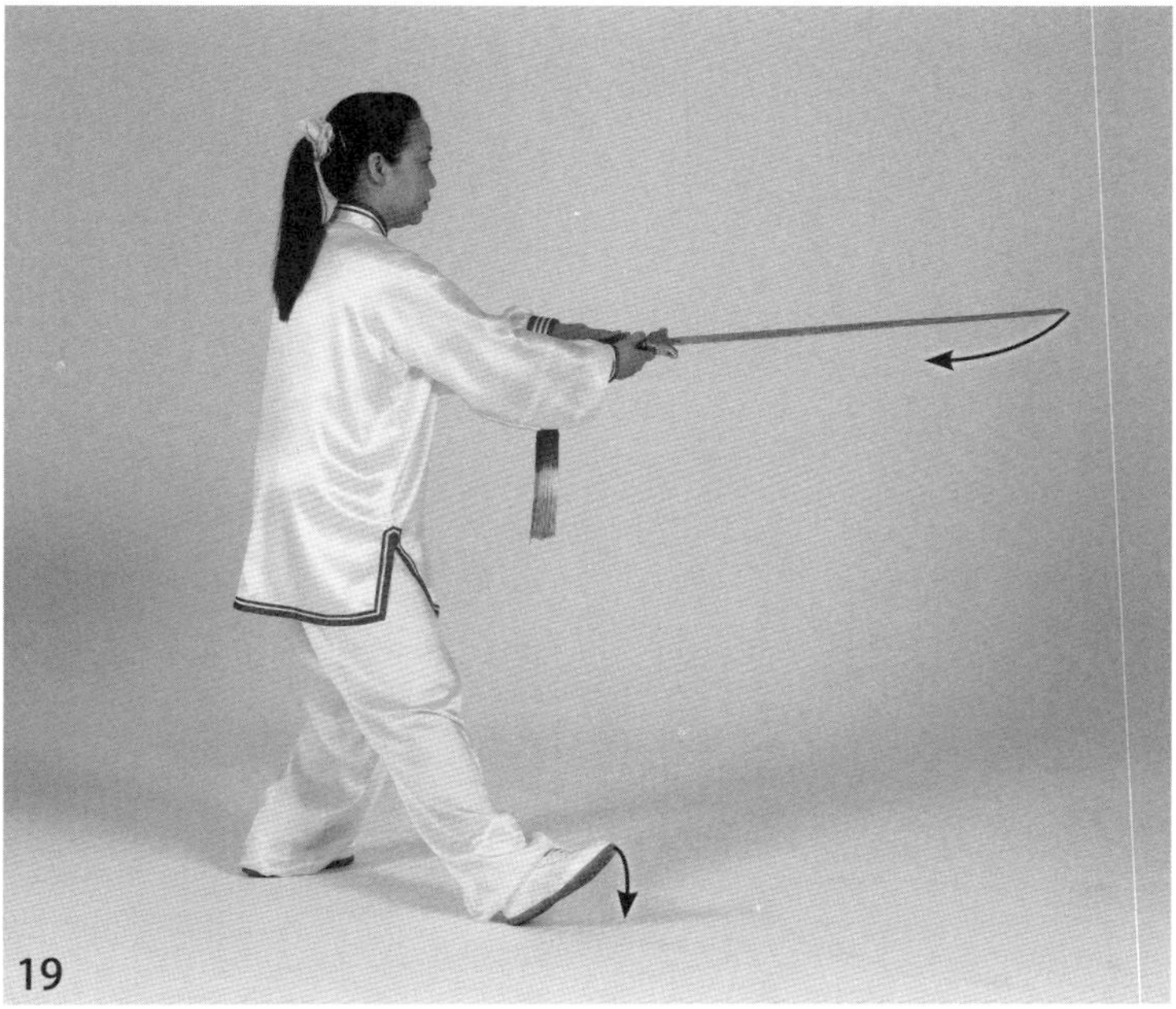
19

2　上歩送剣（シャンブーソンジェン）

体を右にまわし、右足を右前方に一歩踏み出し、かかとから着地させる。同時に、剣は中心線よりやや左前方に送り出し、掌心を上向きのままにする。剣指は右手首に添えたままにする。目は剣先を見る（写真19）。

20

3　弓歩右帯（ゴンブーユウダイ）

右つま先を踏みしめ、右膝を曲げ、重心を右足に移し、左足を自然に伸ばして弓歩とする。同時に、体を右にまわし、剣は右腕を内旋させ、掌心を下向きに変えて右後方へと引き切る（帯剣）。右手を胸の高さにして、剣先をやや上に、左前方に向ける。剣指は右手首に添えたままにする。目は剣先を見る（写真20）。

21

4 収脚収剣（ショウジャオショウジェン）

重心を右足に移し、左足を右足の内側に引き寄せる。同時に、剣は腰のそばに引き寄せ、掌心を下向きのままにして、剣先を前に向ける。剣指は右手首に添えたままにする。目は剣先を見る（写真21）。

5　上歩送剣（シャンブーソンジェン）

体を左にまわし、左足を左前方に一歩踏み出し、かかとから着地させる。同時に、剣は掌心を下向きのまま中心線よりやや右前方に送り出す。剣指は左腰のそばに移し、掌心を上向きに変える。目は剣先を見る（写真22）。

23

6　弓歩左帯（ゴンブーズゥオダイ）

左つま先を踏みしめ、左膝を曲げ、重心を左足に移し、右足を自然に伸ばして弓歩とする。同時に、体を左にまわし、剣は掌心を上向きに変え、左後ろへと引き切り（帯剣）、剣先をやや上にして右前方に向ける。剣指は頭の斜め上方に弧を描いて上げ、掌心を斜め上に向ける。目は剣先を見る（写真23）。

要点

「弓歩」の方向は、左右ともに斜め前方約45度とする。剣先は進む方向の中心線上で止める。

六　分脚架剣《フェンジャオジャージェン》

24

1　収脚挙剣（ショウジャオジュイジェン）

①　重心を右足に移し、左つま先を上に上げる。同時に、剣はやや上に上げる。剣指はやや左にひらく。目は剣を見る（写真24）。

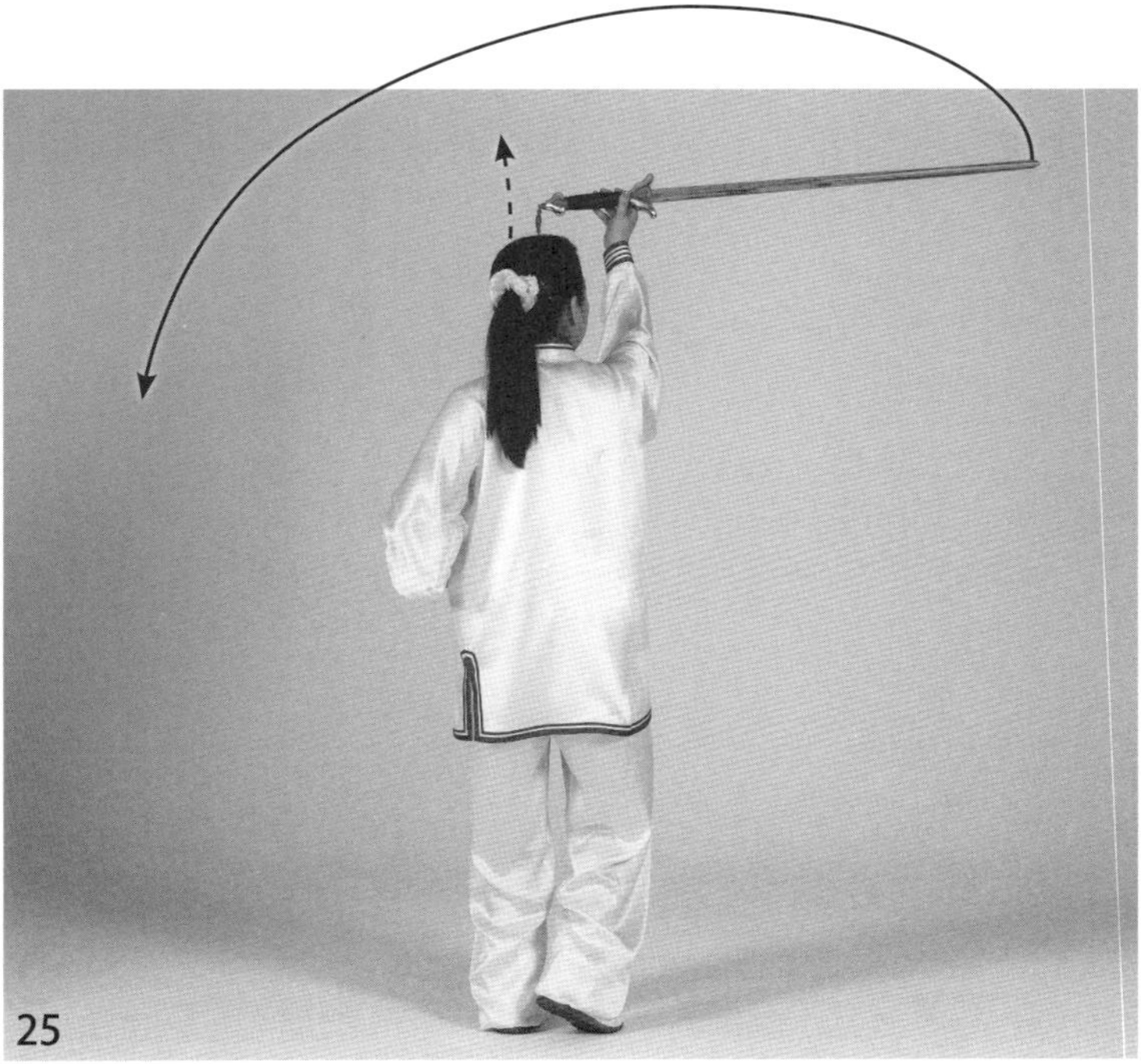
25

② 左つま先を外側にひらいて踏みしめ、右足を左足の内側に引き寄せ、足底前部を着地させる。同時に、体を左にまわし、剣は頭の上に上げ、掌心を内側に向ける。剣指は腰のそばに移し、掌心を上向きに変える。目は前方を見る（写真25）。

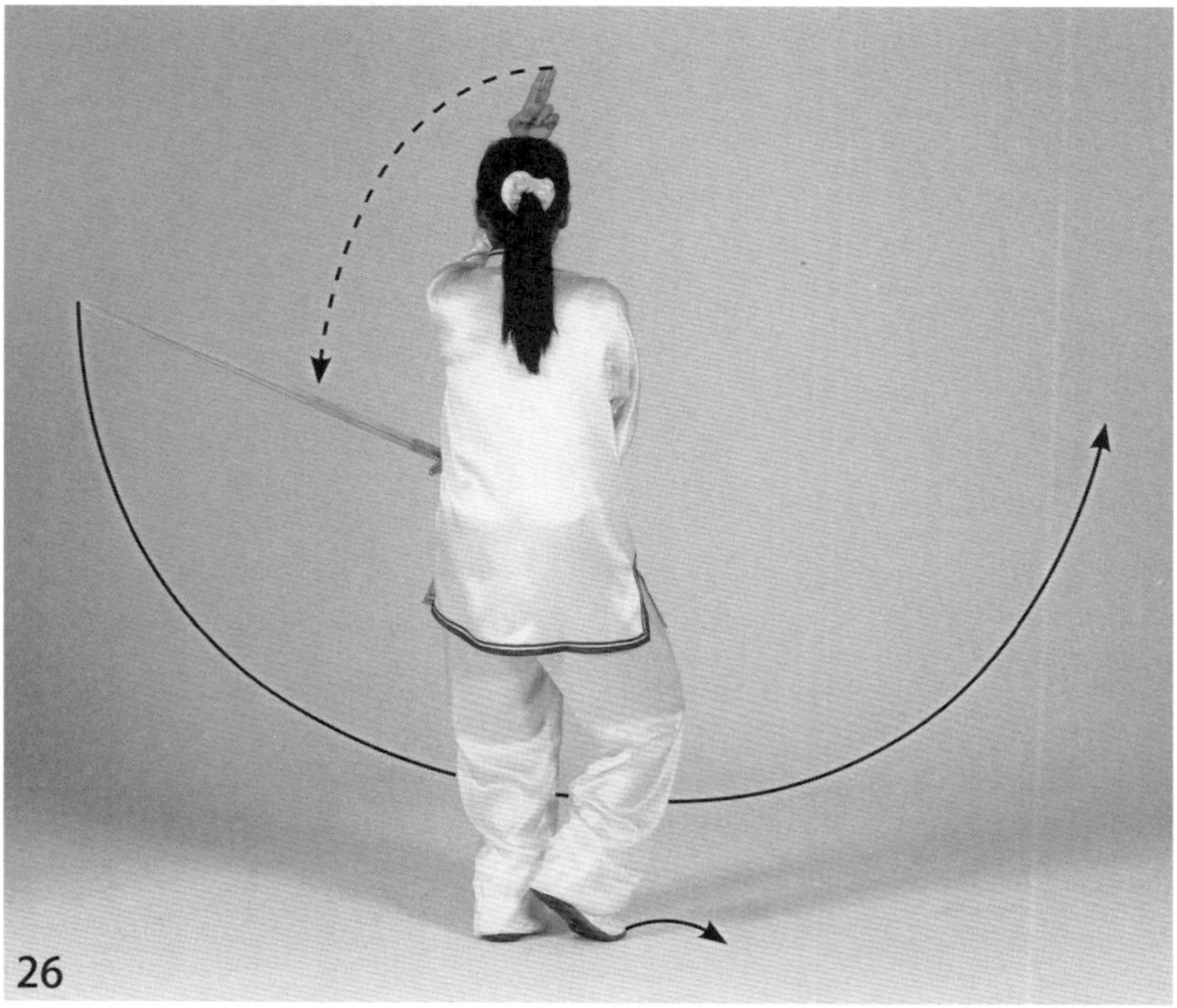

26

2　上歩繞剣（シャンブーラオジェン）

①両足をそのままにして、剣は左、下へと弧を描き、掌心を内側に向けたままにする。同時に、剣指は掌心を内向きに変え、指先を上に向けて右腕の内側から差し出す。目は剣指を見る（写真26）。

27

②
右足を前方に一歩踏み出し、かかとから着地させ、つま先を外側に向け、重心を右足に移す。同時に、体を右にまわし、剣は下、前に弧を描き、掌心を外側に向ける。剣指は掌心を外向きに変え、左にまわして体の左下方に移す。目は剣を見る（写真27）。

28

3　分脚架剣（フェンジャオジャージェン）

重心をさらに右足に移し、右足で自然に立ち上がり、左膝を引き上げ足の甲を伸ばし、つま先に力を注いでゆっくりと前方上に蹴り出して分脚とする。同時に、剣は頭の上に支え上げ（架剣）、掌心を外向きのままにする。剣指は顎の下を通って前方に差し出し、掌心を前に向け、手首を肩の高さにする。目は剣指を見る（写真28）。

要点

①「繞剣」の時、両手はそれぞれ大きく立円を描くようにする。

②「分脚」、「架剣」は剣指を差し出す動作と協調一致させる。

七　叉歩反撩
チャーブーファンリャオ

1　落脚落剣（ルオジャオルオジェン）

右膝を曲げ、腰を落として、左膝を曲げてから左足を前方にかかとを着地させる。同時に、体を右にまわし、剣は体の後方におろし、剣先をやや上に向ける。剣指は顔の前を通って右胸の前におろし、掌心を斜め下に向ける。目は剣先を見る（写真29）。

30

2　上歩繞剣（シャンブーラオジェン）

①　左つま先を外側にひらいて踏みしめる。重心を左足に移す。同時に、剣はやや下におろす。剣指は下に体の前を通って前方上に上げて、掌心を外側に向ける。目は剣を見る（写真30）。

31

②　右足を前に一歩踏み出し、かかとを着地させる。同時に、体を左にまわし、剣は下、前方上に弧を描き、剣先を前に向ける。剣指は腰のそばに移し、掌心を上向きに変える。目は剣先を見る（写真31）。

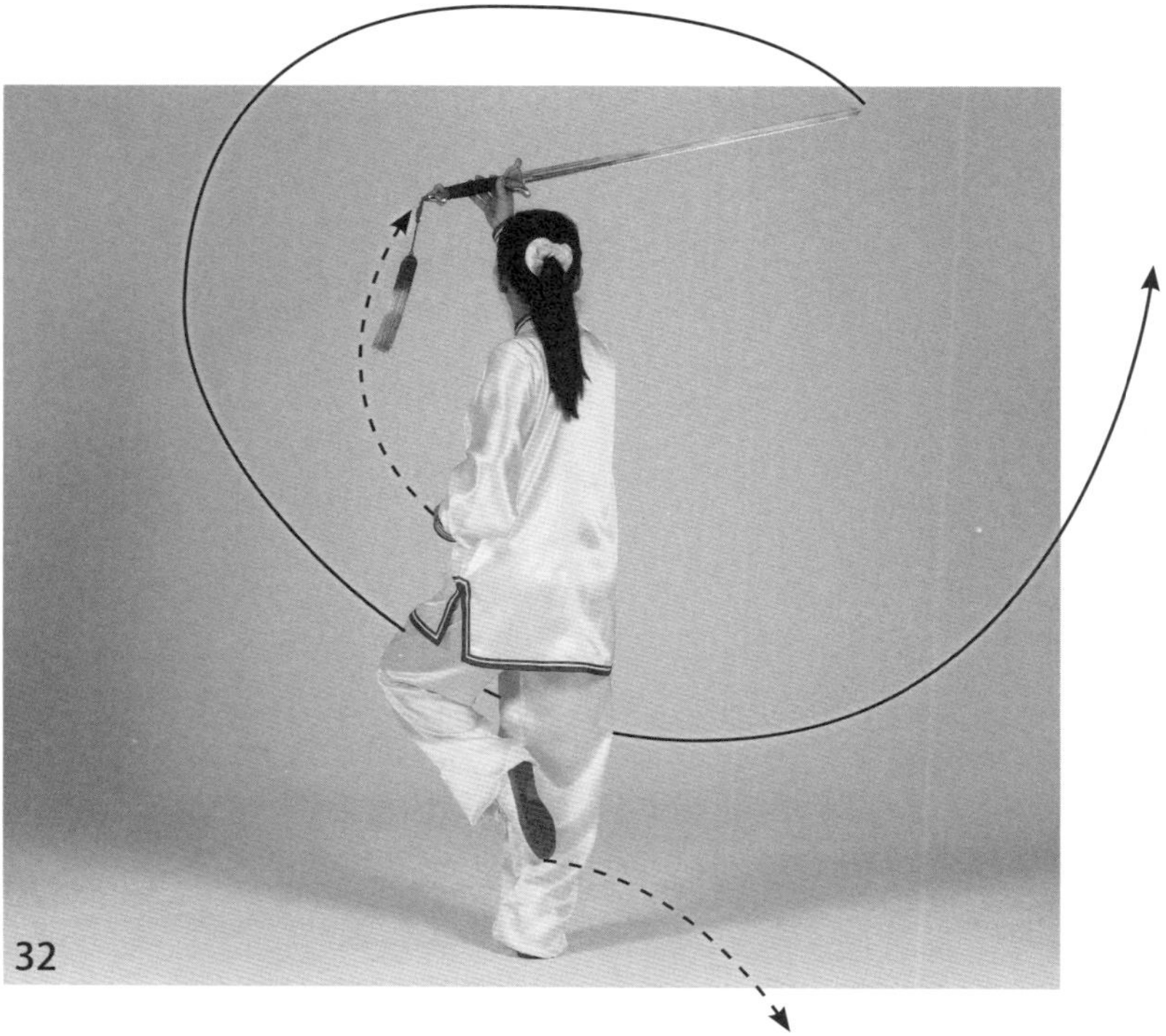

3　収脚挙剣（ショウジャオジュイジェン）

右つま先を内側に入れて着地させる。重心を右足に移し、左足を右足のそばに引き寄せる。同時に、体を左にまわし、剣は頭の上に上げ、剣先を前（東）に向ける。剣指は左腰のそばにそのままにする。目は体の前方を見る（写真32）。

33

4 叉歩反撩（チャーブーファンリャオ）

右膝を曲げて腰を落とす。左足は右足の斜め後方に差し込み、足底前部を着地させ、足を自然に伸ばして叉歩とする。同時に、体を右にまわし、剣は体の前を通って右斜め後方上へとはね上げる（反撩剣）。剣指は頭の斜め上方に弧を描いて上げ、掌心を斜め上に向ける。目は剣を見る（写真33）。

要点

① 「叉歩」の時、体を大きく右にまわし、体をやや前傾させる。

② 左足を差し込む方向と「反撩剣」の方向は、東南約45度とする。

34

八　馬歩雲抱（マーブーユンバオ）

1　転身平抹（ジュアンシェンピンモー）

左かかと、右つま先を内側に入れ、体を左にまわし、重心を左足に移し、右足を自然に伸ばして弓歩とする。同時に、剣は掌心を下向きに変え、体を左にまわすにしたがい、水平にして左に弧を描いて左前方に移す。剣指は右前腕に移し、掌心を下に向ける。目は剣先を見る（写真34）。

36　35

2　仰身雲剣（ヤンシェンユンジェン）

重心を右足に移し、剣は掌心を上向きに変えながら体の前を通って右へと弧を描き（雲剣）、剣先を斜め上に向ける。剣指は胸の前で左にひらき、掌心を外側に向ける。目は剣を見る（写真35・36）。

37

3　馬歩抱剣（マーブーバオジェン）

体を左にまわし、重心をやや左足に移して半馬歩とする。同時に、剣は左に弧を描き、剣指は右手の甲に添え、両手で左膝の上に剣を抱える（抱剣）。両掌心ともに内側に向け、剣先を上に向ける。目は剣を見る（写真37）。

要点

①「雲剣」の時、体をやや仰向きにして、重心を安定させる。
②「抱剣」の時、体を大きく左にまわすようにする。

九　丁歩截剣《ディンブージェージェン》

1　丁歩截剣（ディンブージェージェン）

重心を右足に移し、左足を右足のそばに引き寄せ、足底前部を着地させて丁歩とする。同時に、剣を横にして左足のそばに押さえるように切る（截剣）。剣先を斜め後方に、やや下に向ける。剣指は右手首に移し、掌心を下向きに変える。目は剣先を見る（写真38）。

要点

左足をすばやく右足のそばに引き寄せると同時に剣を「截剣」とする。「定式」の時、体をやや前傾させる。

十　翻身崩剣《ファンシェンボンジェン》

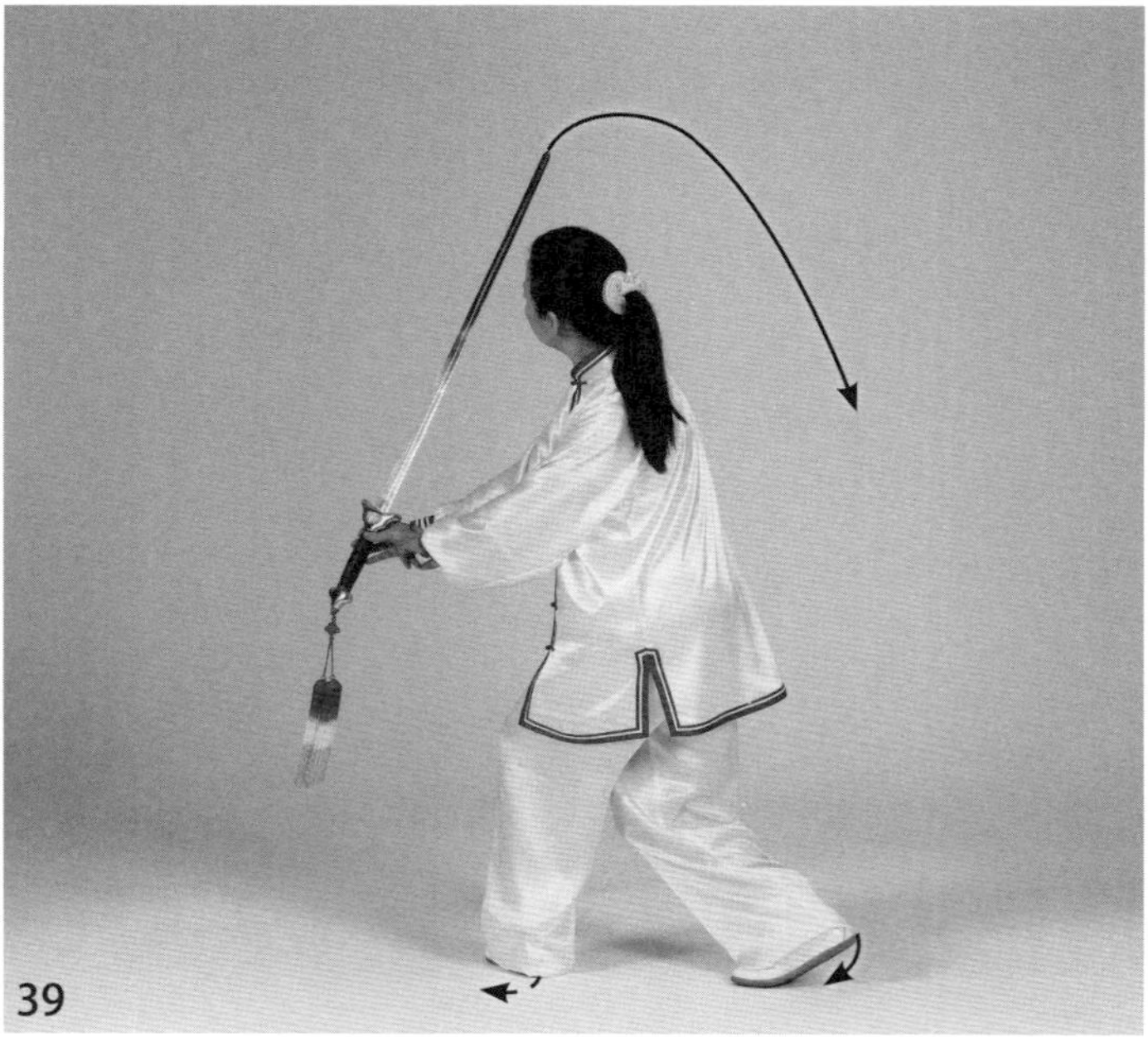

39

1　翻身崩剣（ファンシェンボンジェン）

体を右にまわし、左足を右足の前（西北）に踏み出し、かかとから着地させ、つま先を内側に向けて踏みしめる。重心を左足に移し、右かかとを上げる。同時に、剣は体を右にまわすにしたがって下から体の右上方へとはね上げる（崩剣）。両手は腰の高さにし、剣先を斜め上に向ける。剣指は右手首に添えたままにする。目は剣を見る（写真39）。

十一 弓歩下刺《ゴンブーシャーツー》

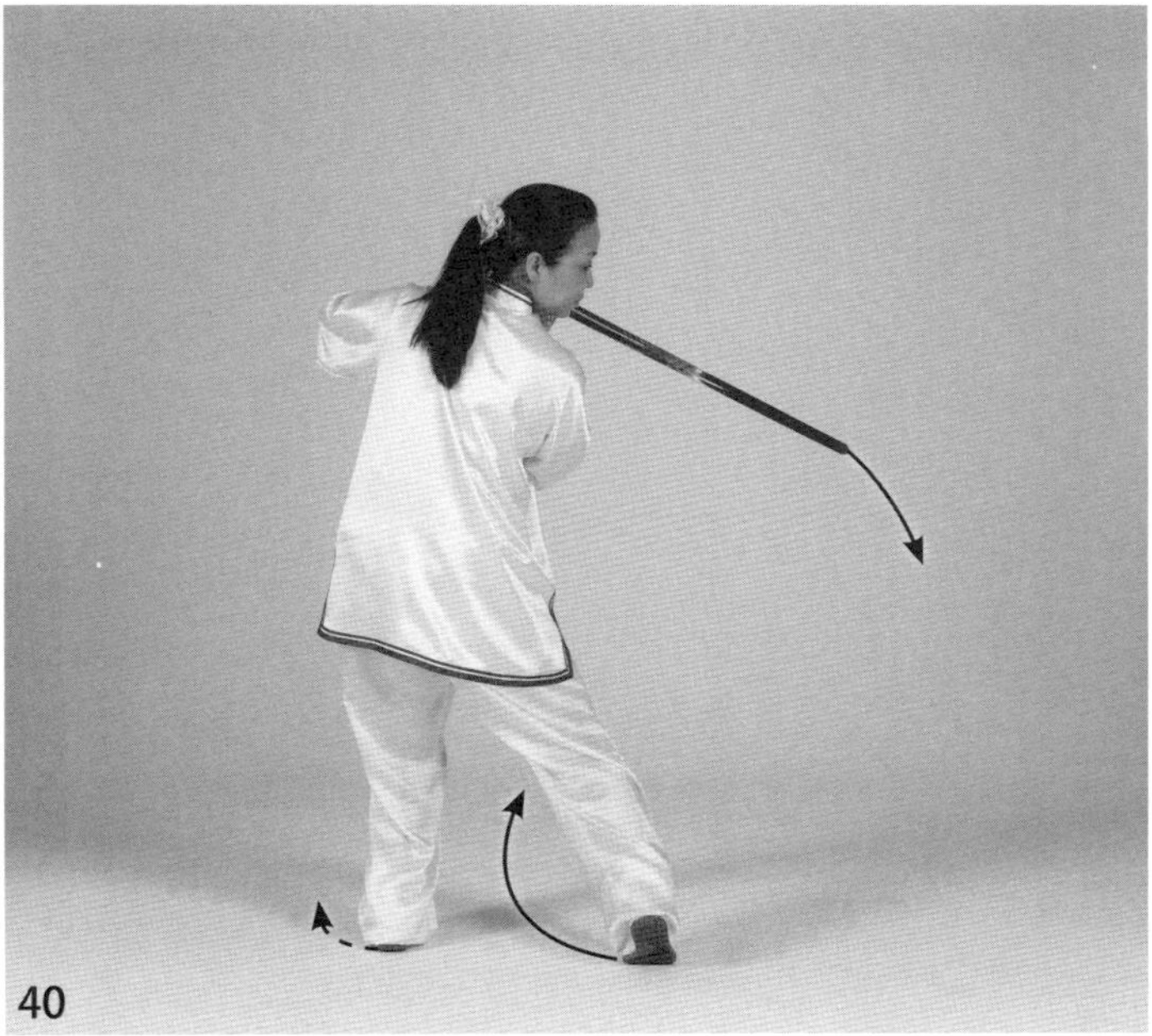

40

1 転身収脚（ジュアンシェンショウジャオ）

左かかとを外側にまわし、右膝を引き上げる。同時に、体を右にまわし、剣は体の前に移し、掌心を上に、剣先を斜め下に向ける。剣指は右手首の上に添えたままにする。目は斜め前方下を見る（写真40・41）。

41

要点

右足を上げる時、剣先を突き刺す方向に向けるようにする。重心を安定させる。

42

2　弓歩下刺（ゴンブーシャーツー）

右足を斜め前に踏み出し、かかとから着地させる。重心を右足に移し、左足を自然に伸ばして弓歩とする。同時に、剣を前方下に向かって突き刺し（下刺）、掌心を上向きのままにする。剣指は右手首に添えたままにする。目は剣先を見る（写真42）。

要点
「弓歩下刺」の方向は、東南約45度とする。

十二　独立上刺《ドゥーリーシャンツー》

43

1　転身圧剣（ジュアンシェンヤージェン）

重心を左足に移し、体を左にまわし、右つま先を内側に入れる。同時に、剣は上に上げ、掌心を下向きに変え左後方下に押さえ（圧剣）、剣先をやや斜め上に向ける。剣指は右手首に添えたままにする。目は剣を見る（写真43）。

44

2 蓋歩分手（ガイブーフェンショウ）

体を右にまわし、左足は右足の前を通って右前方に踏み出し、かかとから着地させ、つま先を外側に向ける（蓋歩）。重心を左足に移し、右かかとを上げる。同時に、剣と剣指を左右にひらき、右掌心を下向きのままにし、左掌心を外側に向ける。目は剣先を見る（写真44）。

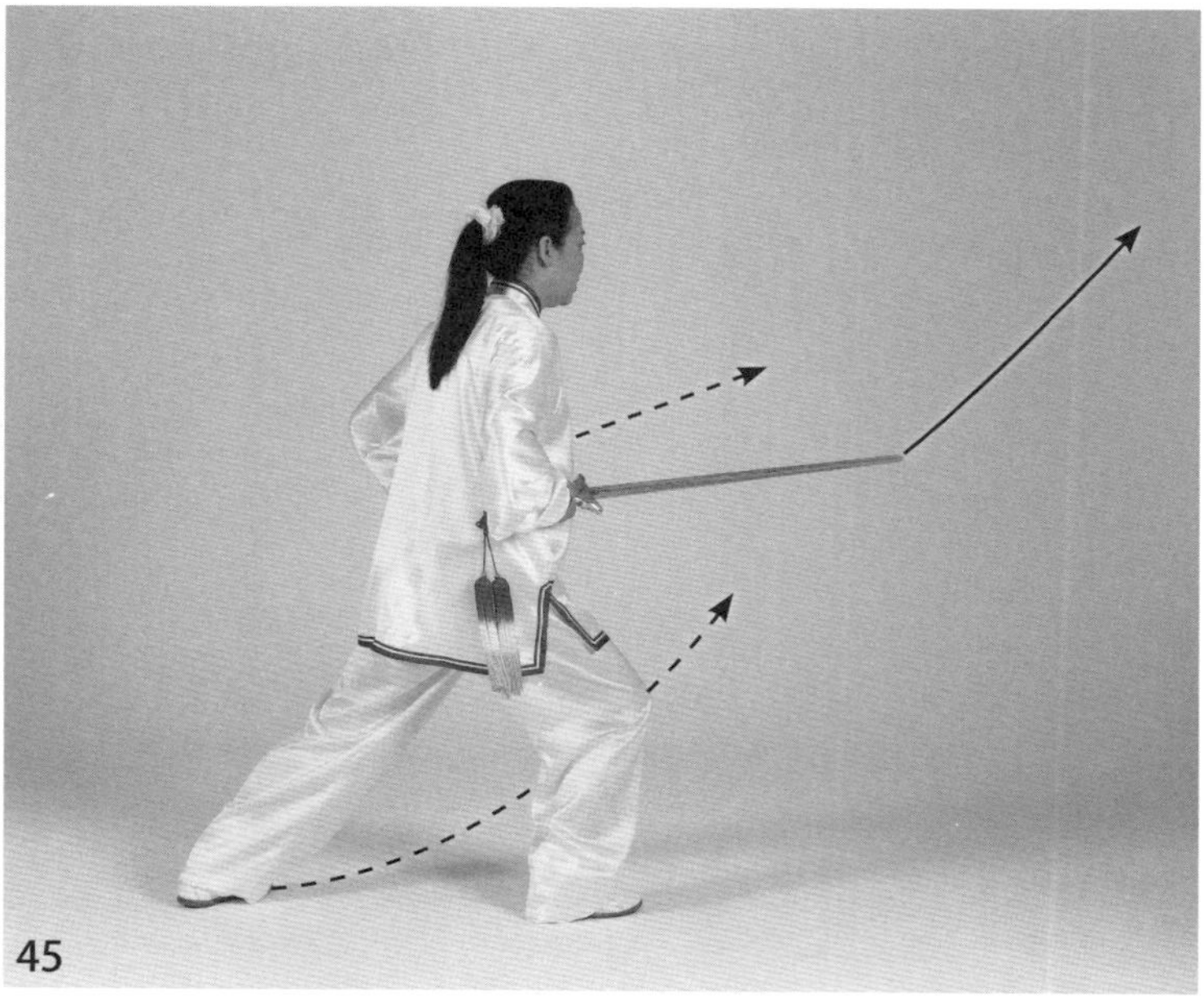

45

3　独立上刺（ドゥーリーシャンツー）

右足を斜め前方（東北）に一歩踏み出し、かかとから着地させ、足を自然に伸ばして立ち上がり、左膝を引き上げて独立歩とする。同時に、剣は腰のそばを通って右前方上に向けて突き刺す（上刺）。剣先を頭の高さにして、掌心を上に向ける。剣指は腰のそばを通って右手首の上に移し、掌心を下に向ける。目は剣先を見る（写真45・46）。

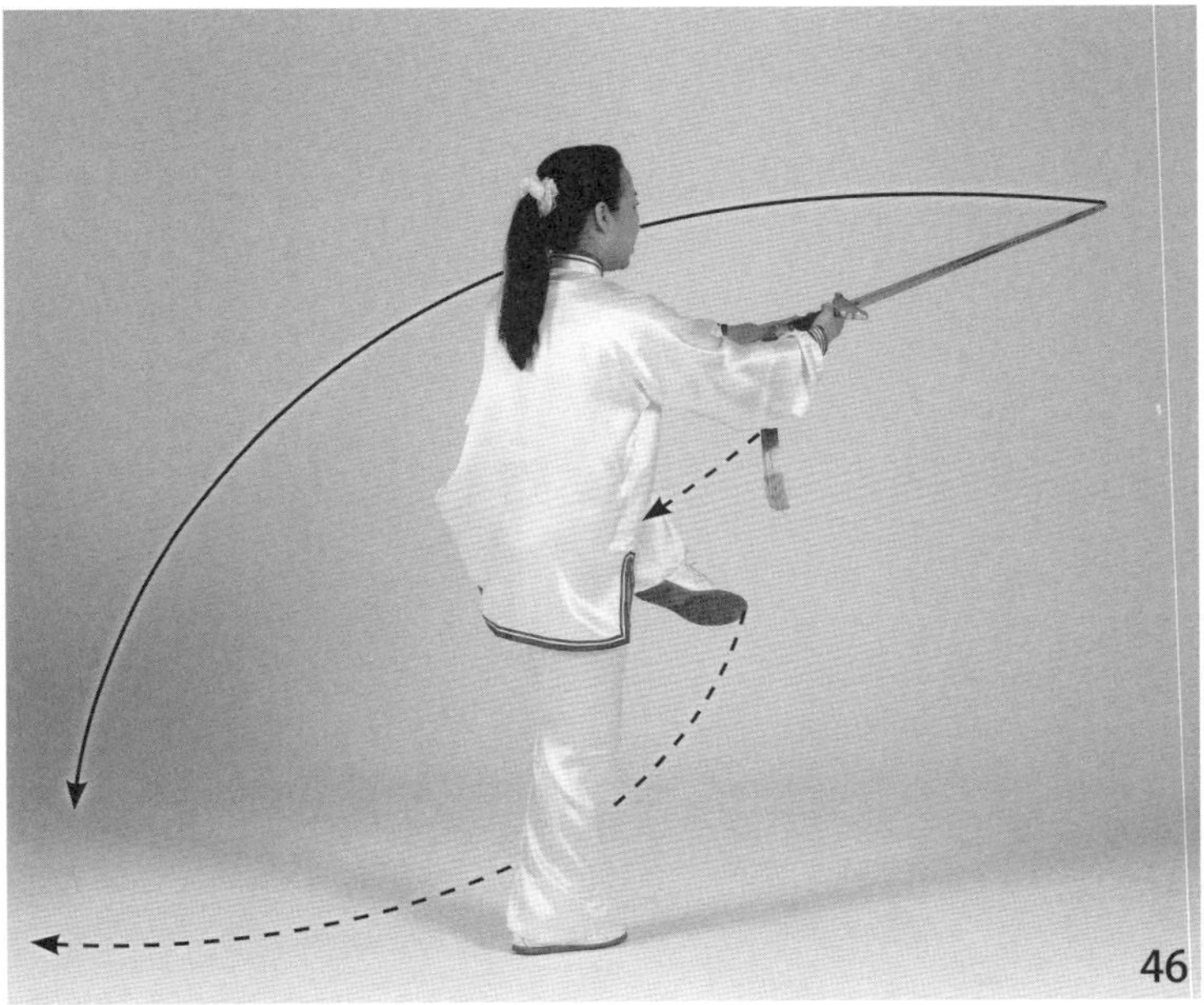

要点

①「圧剣」の方向は、「弓歩下刺」の反対方向とする。
②「蓋歩」の時、両手は腰を右にまわすにしたがい左右に大きくひらく。体は上下に振れてはならない。
③「上刺」の方向は、東北約45度とする。

十三 虚歩抱剣《シュイブーバオジェン》

47A

1 仆歩圧剣（プーブーヤージェン）

右膝を曲げ、腰を深く落とし、左足は左横につま先を内側に向けて着地させ、自然に伸ばして仆歩とする。同時に、体を左にまわし、剣は掌心を下向きに変え、横にして体の前に押さえる（圧剣）。剣指は掌心を上向きに変え、左腰のそばに移す。目は剣先を見る（写真47Ａ・Ｂ）。

47B

要点

① 「仆歩圧剣」の方向は、西とする。

② 剣は左足と平行にして、体は前に倒れてはならない。

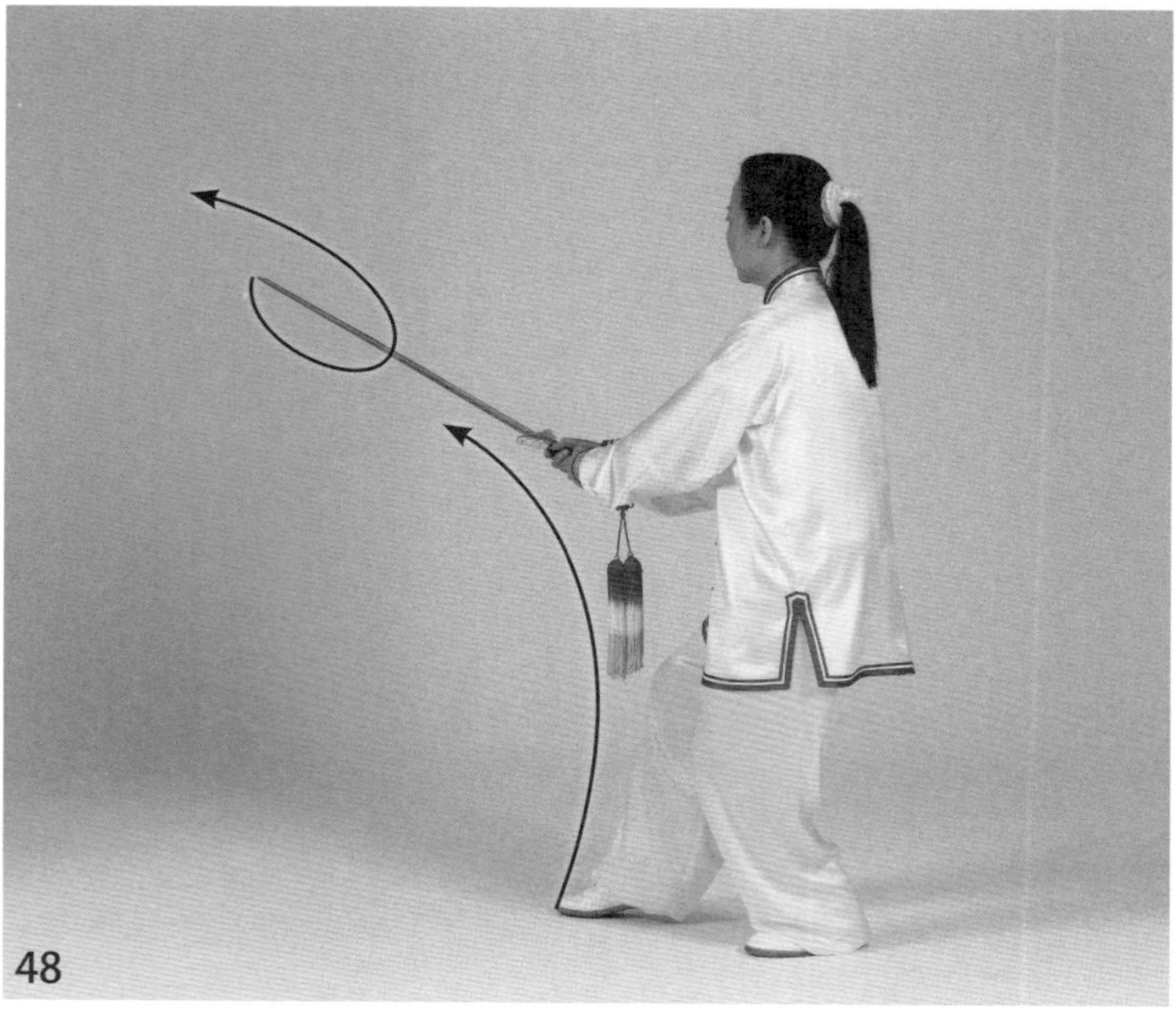

48

2　虚歩抱剣（シュイブーバオジェン）

左つま先を外側にひらいて膝を曲げ、重心を左足に移すにしたがい、体を左にまわし、右つま先は内側に入れ、左足の前に足底前部を着地させて虚歩とする。同時に、両手は外側に弧を描き体の前に移して剣を抱える（抱剣）。剣指は右手の甲に添え、両掌心ともに上向きにして、剣先を斜め上に向ける。目は剣先を見る（写真48）。

要点

「虚歩抱剣」の方向は、西北約45度とする。

十四 蹬脚前刺

ドンジャオチェンツー

49

1 蹬脚前刺（ドンジャオチェンツー）

左足を自然に伸ばして立ち上がり、右膝を引き上げ、つま先をそらせ、かかとに力を注いで前方上に向かって蹴り出して蹬脚とする。同時に、剣は下にさげ、腹部の前を通って上に上げ胸の前から前方に向かって突き刺す（前刺）。剣指は右手の甲に添えたままにする。目は剣先を見る（写真49）。

要点

「蹬脚」の時、重心を安定させ、体をまっすぐにし、「蹬脚」と突き刺す動作を協調一致させる。

十五 跳歩平刺《ティアオブーピンツー》

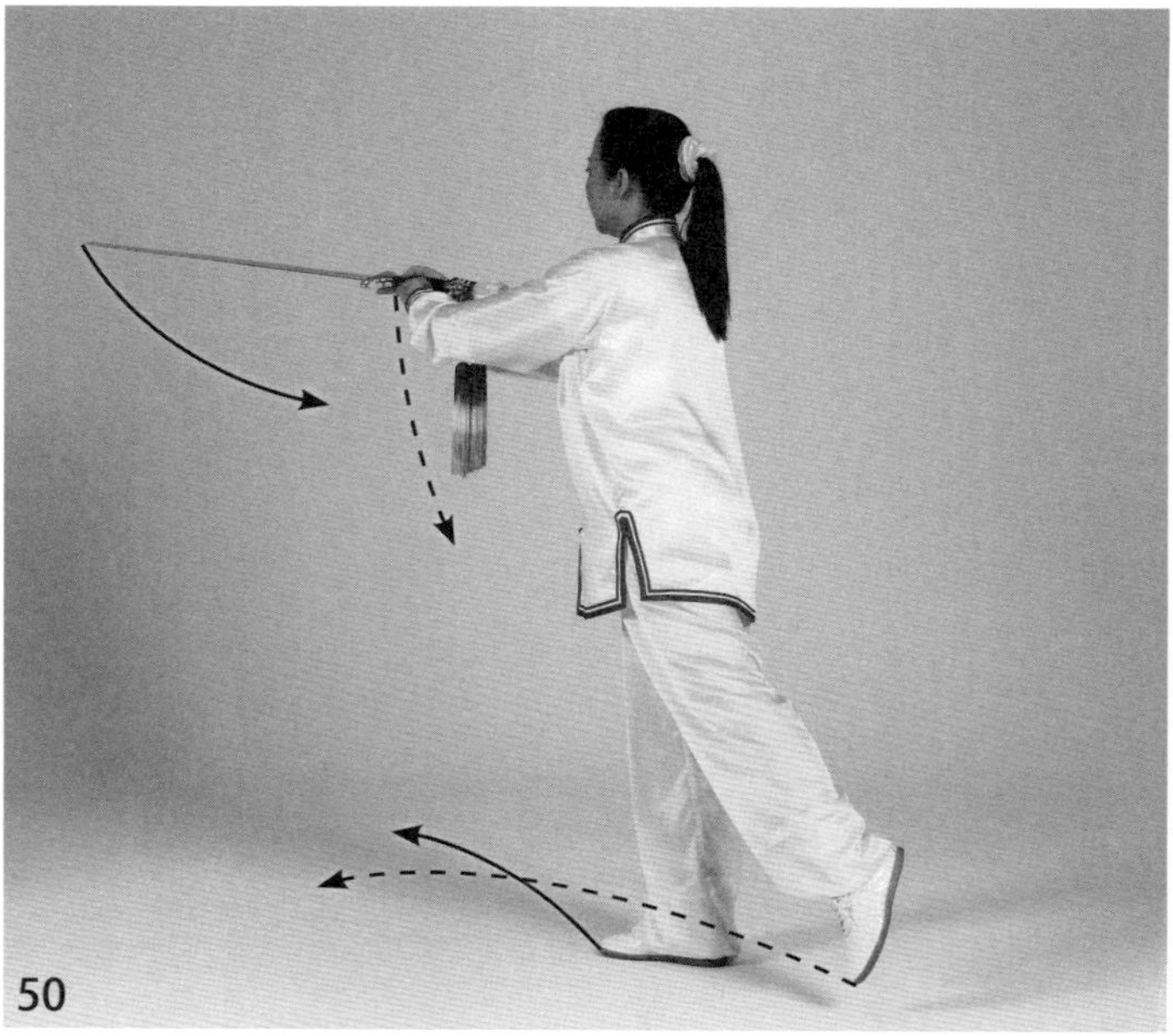
50

1　落脚刺剣（ルオジャオツージェン）

右足を前にかかとから着地させ、重心を右足に移し、左足は地面と離れる。同時に、剣はさらに前に突き刺す。目は前方を見る（写真50）。

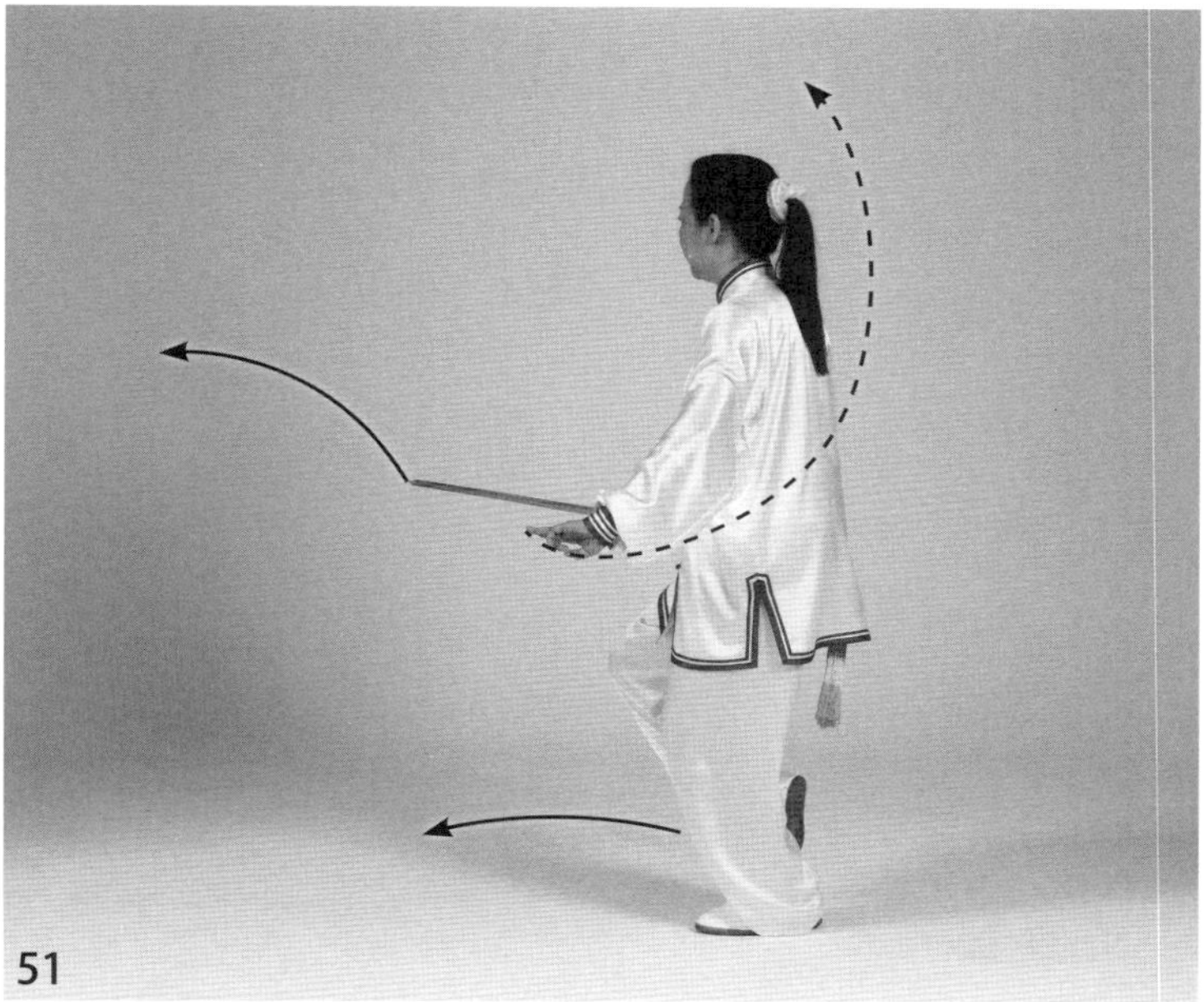
51

2 跳歩分手（ティアオブーフェンショウ）

右足は地面を蹴って前に跳び、左足を前方に足底前部から着地させ、膝を曲げ、つま先は外側に向ける。右足は左足が着地すると同時に左足の内側に引き寄せる。同時に、両手は掌心を下向きに変え、体の両側にひらく。剣先は内側に、やや上に向ける。目は前方を見る（写真51）。

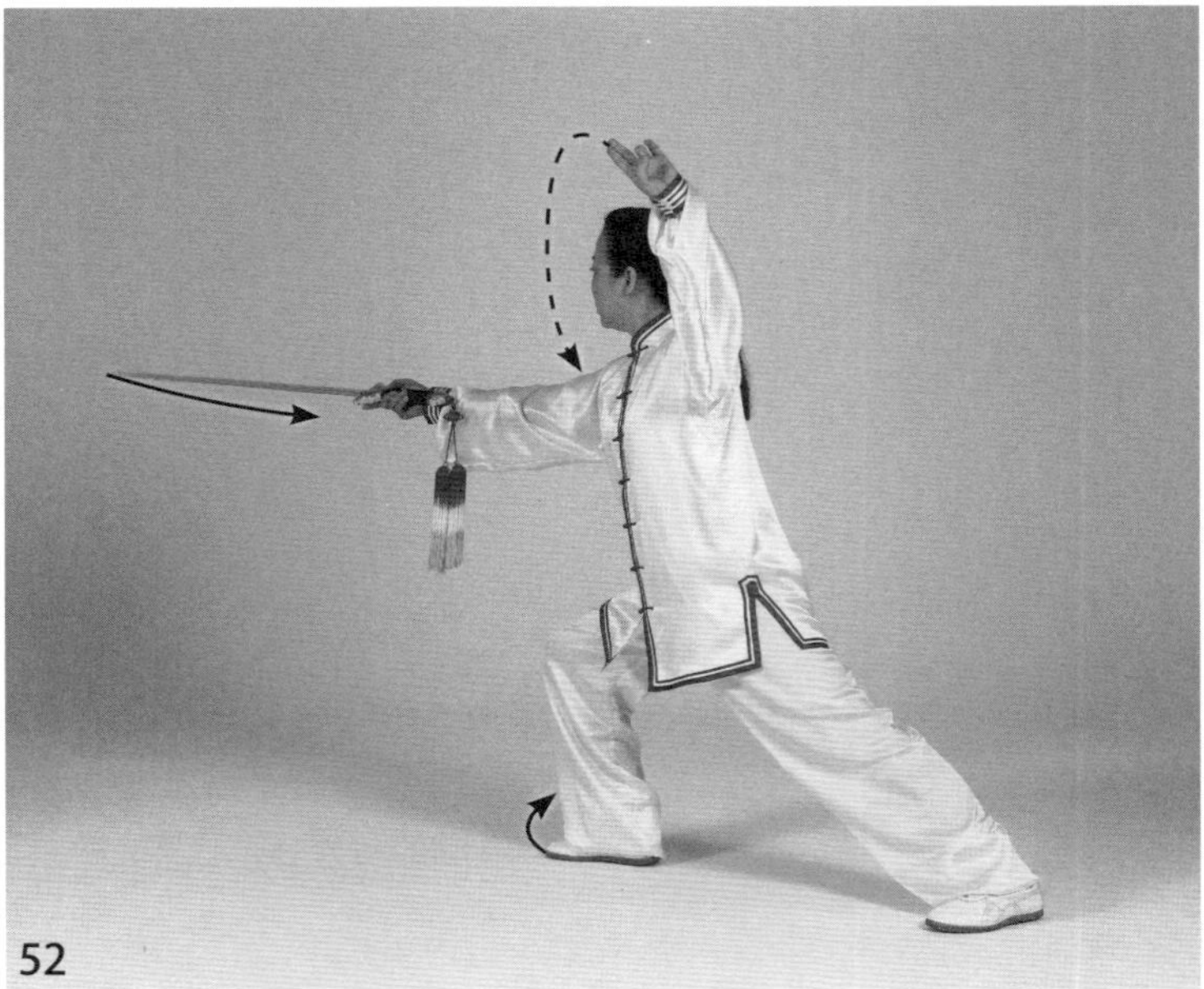
52

3 弓歩平刺（ゴンブーピンツー）

右足を斜め前方に踏み出し、かかとから着地させる。重心を右足に移し、左足を自然に伸ばして弓歩とする。同時に、剣は掌心を上向きに変え、腰のそばを通って前方に突き刺し（平剣）、肩の高さにする。剣指は腰のそばを通って頭の斜め上方に弧を描いて上げ、掌心を斜め上に向ける。目は剣先を見る（写真52）。

要点

「跳歩」の時、まず左足底前部から着地させ、それから全足底を踏みしめる。

十六 転身平刺《ジュアンシェンピンツー》

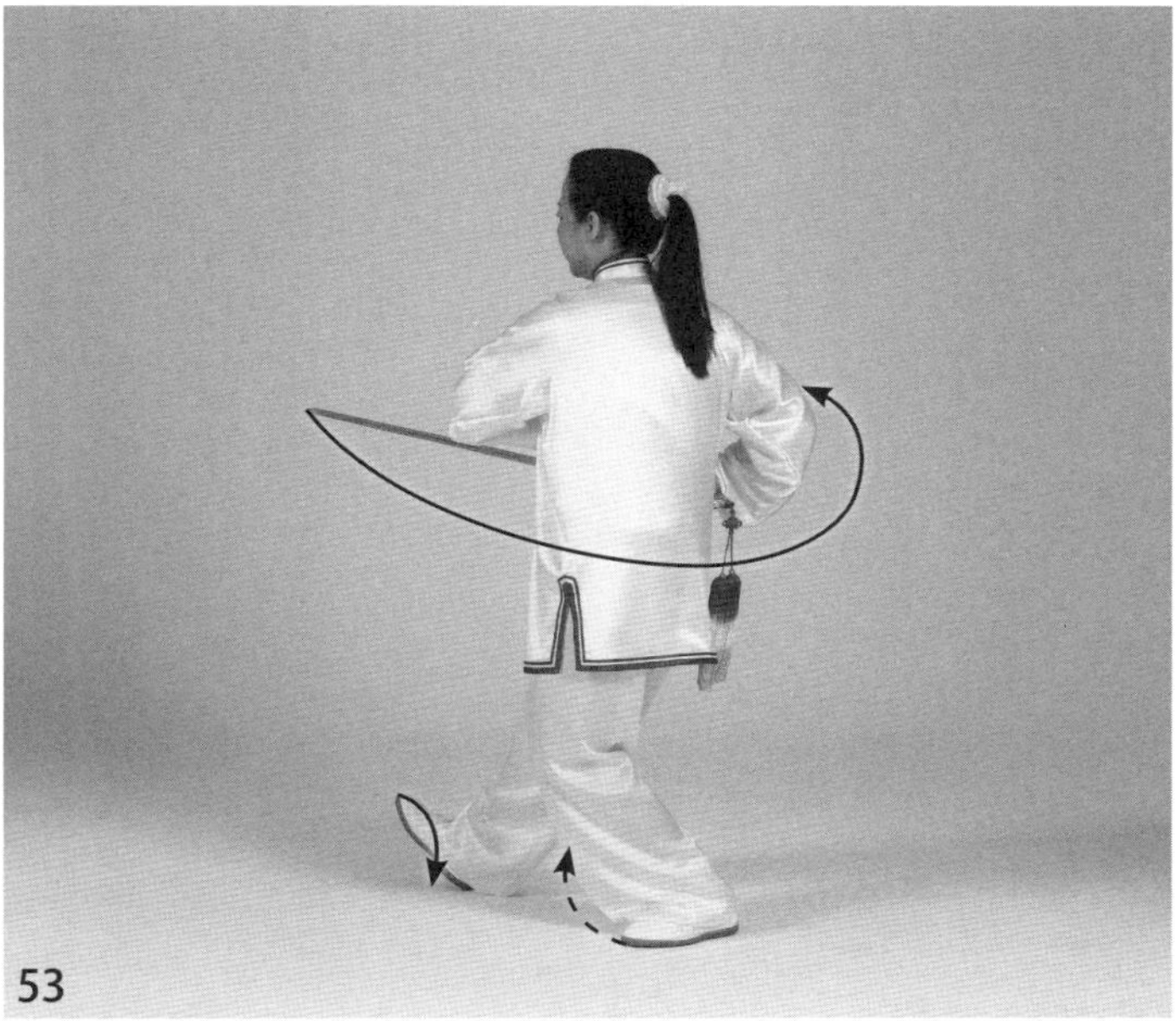

53

1 後坐抽剣（ホウズゥオチョウジェン）

重心を左足に移し、右つま先を上に上げる。同時に、体を右にまわし、剣は腰のそばに引き寄せ、掌心を上向きのままにする。剣指は体の前におろし、掌心を下向きに変える。目は剣を見る（写真53）。

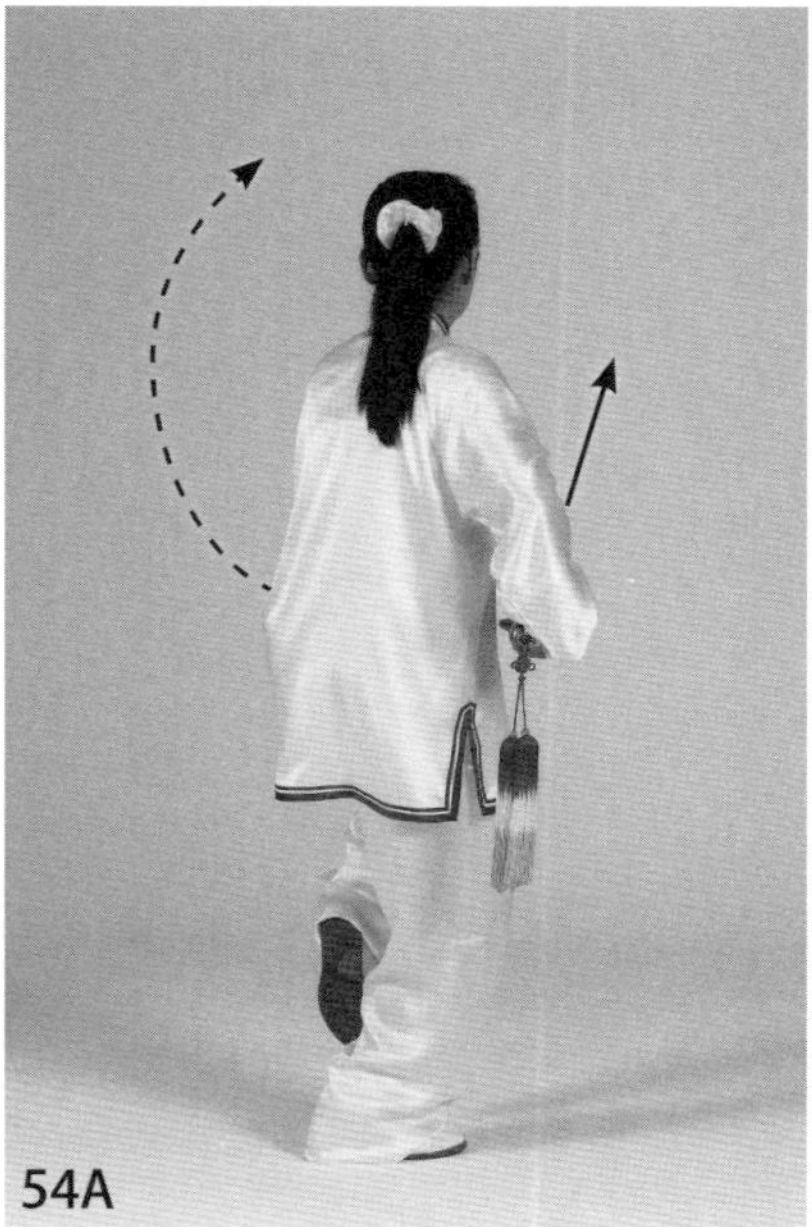
54A

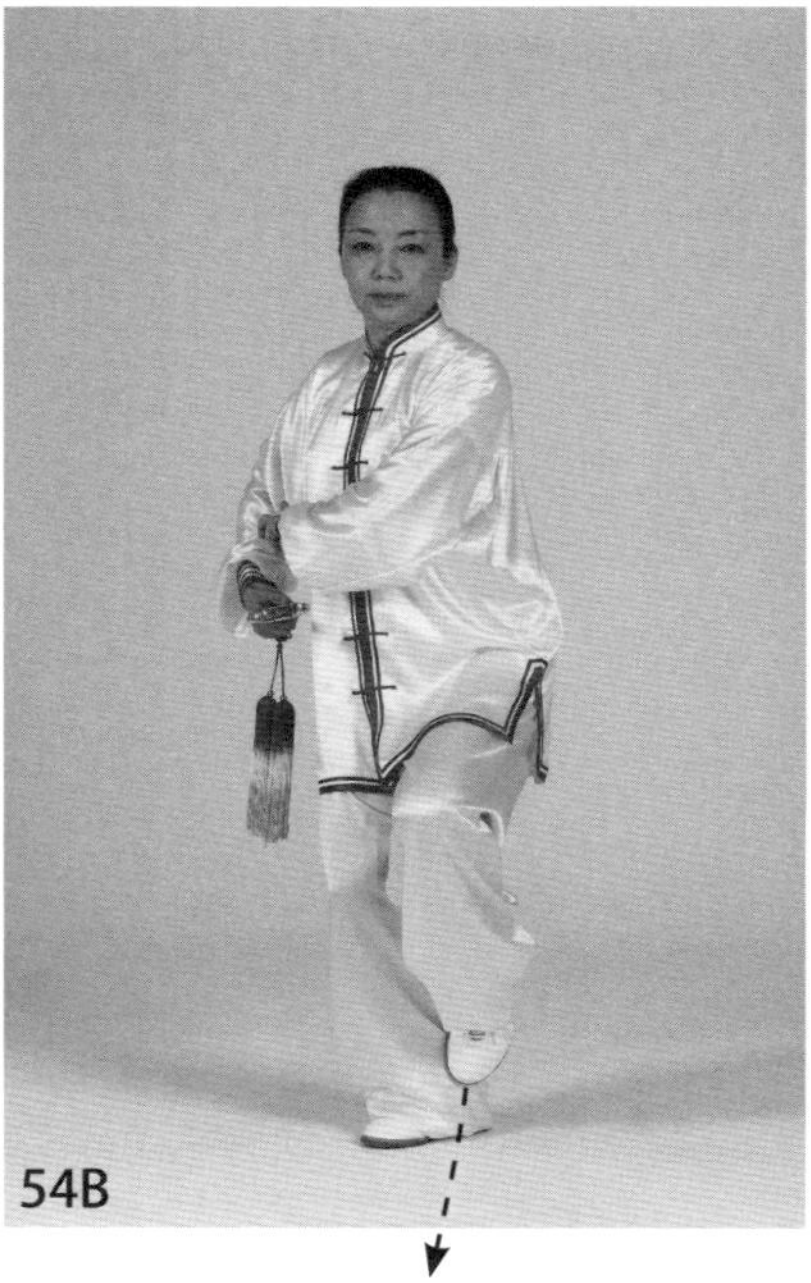
54B

2 扣脚転身（コウジャオジュアンシェン）

右つま先を内側に入れて着地させ、重心を右足に移し、右足底前部を軸にして体を左にまわす。同時に、左足を右足の内側に引き寄せ、両手はそのままにする。目は前方を見る（写真54A・B）。

3　弓歩平刺（ゴンブーピンツー）

左足を前に一歩踏み出し、かかとから着地させる。重心を左足に移し、右足を自然に伸ばして弓歩とする。同時に、剣は前に向かって突き刺し（平剣）、肩の高さにして、掌心を上向きのままにする。剣指は頭の斜め上方に弧を描いて上げ、掌心を斜め上に向ける。目は剣先を見る（写真55Ａ・Ｂ）。

要点

① 体をまわす時、重心を安定させ、腰の高さを変えないようにする。
② 「弓歩平刺」の方向は、北向きとする。

十七　行歩穿剣

シンブーチュアンジェン

56

1　後坐収剣（ホウズゥオショウジェン）

重心を右足に移し、左つま先を上げる。同時に、体を右にまわす。剣は腕を内旋させ、右上方に上げ、掌心を外向きに変える。剣指は右手首に移し、掌心を外に向ける。目は剣先を見る（写真56）。

57

2　**転身穿剣**（ジュアンシェンチュアンジェン）

左つま先を外側に向けて着地させ、重心を左足に移し、右かかとを上げる。同時に、体を左にまわし、剣は掌心を上向きに変え、腰の前を通って左斜め後方に突き刺す（穿剣）。剣指は掌心を上向きに変え、左腰のそばに移す。目は剣先を見る（写真57）。

58

3　叉歩穿剣（チャーブーチュアンジェン）

重心をさらに左足に移し、右足を左足の前に一歩踏み出し、かかとから着地させ、つま先を外に向けて踏みしめる。重心を右足に移し、左かかとを上げ、左足を自然に伸ばして叉歩とする。同時に、体を右にまわし、剣は引き続き右へと弧を描いて突き刺す（穿剣）。剣を体の右側に止め、剣先は右後方に向け、右手を肩の高さにする。剣指は頭の斜め上方に弧を描いて上げ、掌心を斜め上に向ける。目は剣先を見る（写真58）。

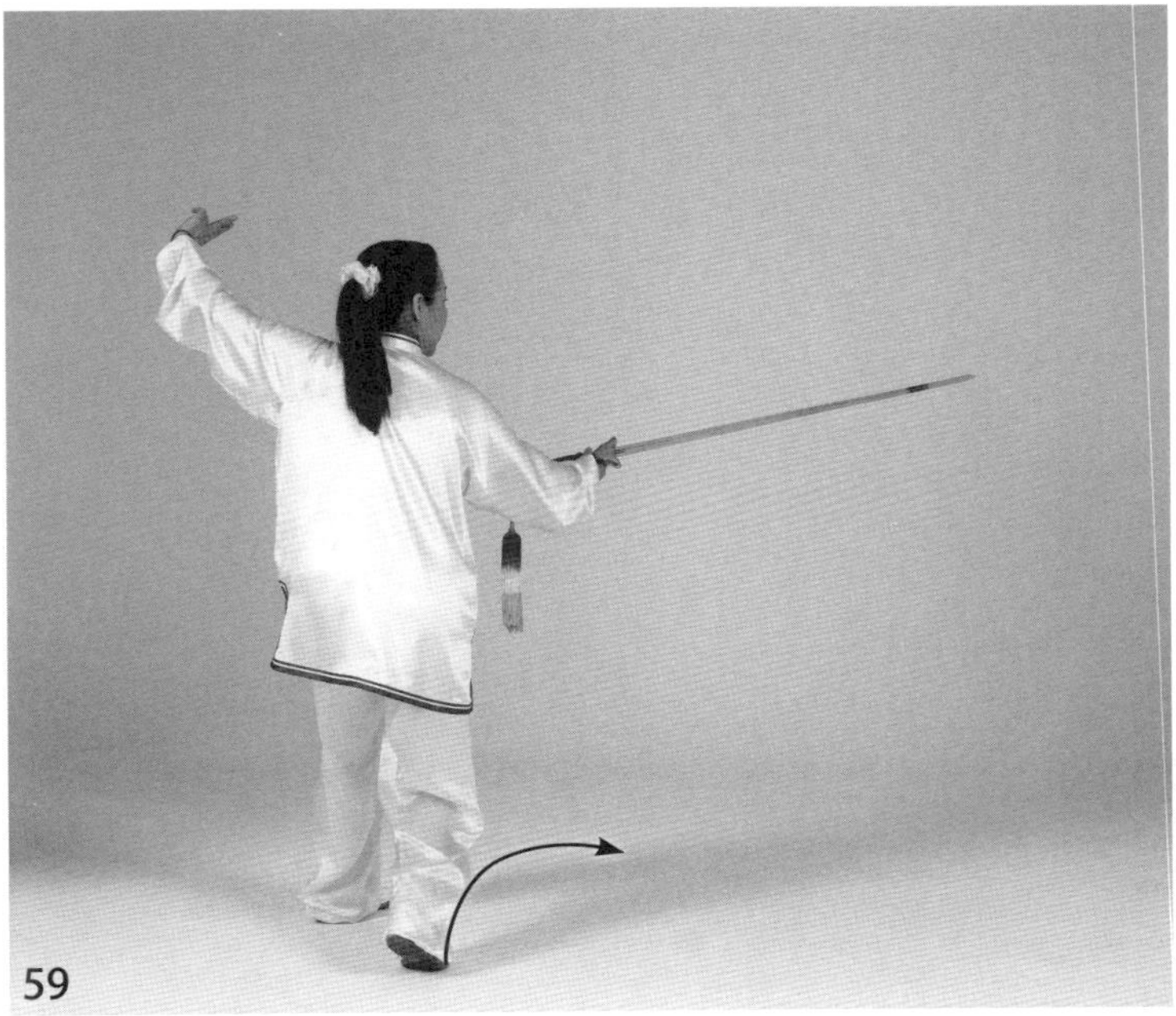

59

4　行歩穿剣（シンブーチュアンジェン）

左足、右足と続けて円に沿って四歩あるく。剣は右に突き刺し（穿剣）続ける。剣指はそのままにする。目は剣先を見る（写真59・60・61・62）。

62

要点
あるく時は、重心は安定を保ち、剣先を円心に向けるようにする。

十八　行歩截按
シンブージェーアン

63

1　行歩合開（シンブーホーカイ）

① 左足、右足と引き続き円に沿ってあるく。同時に、剣はやや体の前に移して下に下げ、剣指を右手首の上におろし、掌心を下に向ける。目は剣先を見る（写真63・64）。

64

要点
両手を合わせる時、剣先が円心から大きく離れないようにする。

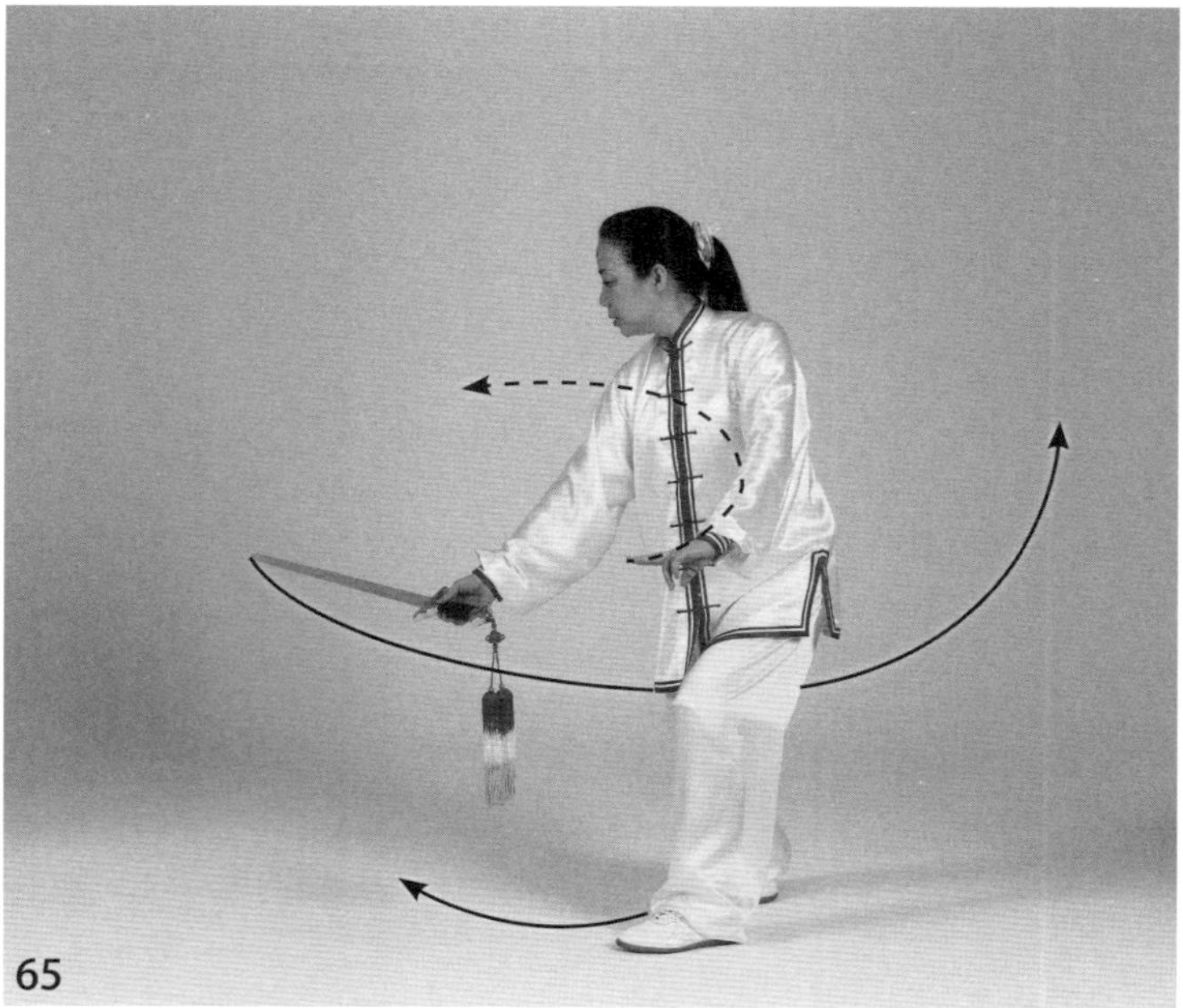
65

② 引き続き、左足、右足と円に沿ってあるく。同時に、剣と剣指を左右にひらき、剣先を斜め後ろに向ける。剣指は弧を描いて体の横に移し、掌心を外側に向ける。目は剣を見る（写真65・66）。

要点 両手をひらく時、体はやや後方にそらせる。目は剣を見るようにする。

67

2　行歩截按（シンブージェーアン）

左足は右足の前につま先を内側に向けて着地させ、右かかとを上げる。同時に、体を左にまわし、腰を落とし、剣は頭の後方上を通って体の左下方に押さえるように切る（截按）。剣を横にして、剣先を斜め後方に向ける。剣指は右手首に移し、掌心を下に向ける。目は剣先を見る（写真67）。

68

3 行歩分手（シンブーフェンショウ）

① 右足を円に沿って一歩踏み出す。同時に、両手を左右にひらき、両掌心を下に向ける。目は剣を見る（写真68）。

69

②
引き続き、左足、右足と円に沿ってあるく。同時に、剣は体の右後方上に上げ、掌心を上向きに変える。剣指は弧を描いて、体の横に移し、掌心を外側に向ける。目は剣を見る（写真69・70）。

要点

①「行歩」の時、円から離れないように注意する。

②両手を大きくひらく時、体はやや後方にそらせる。

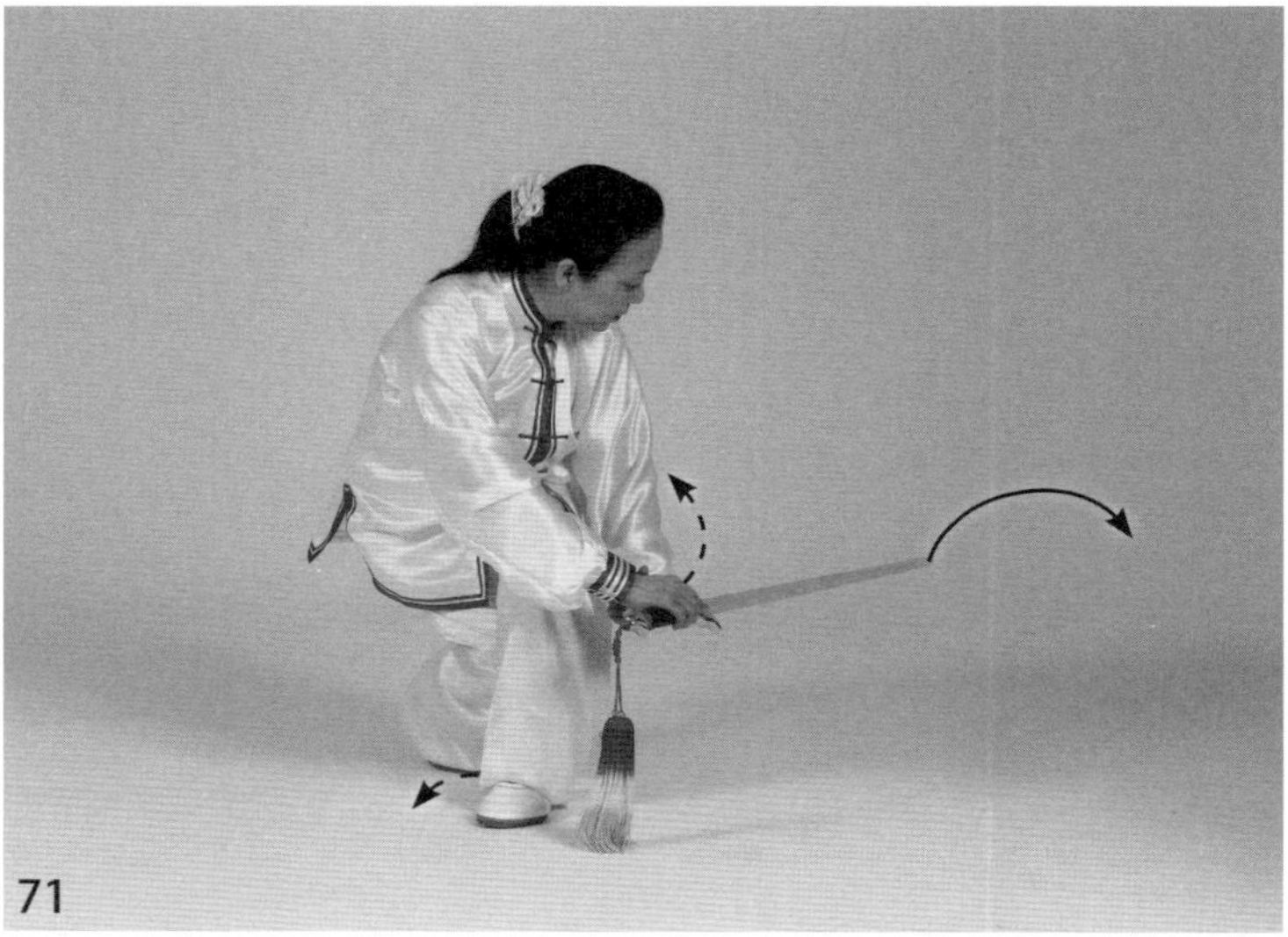
71

4　**行歩截按**（シンブージェーアン）

左足はつま先を内側に向けて右足の前に着地させる。同時に、剣は頭の後方上を通って体の左下方へと押さえるように切る（截按）。剣を横にして、剣先を斜め後方に向ける。剣指は右手首の上に移し、掌心を下に向ける。目は剣先を見る（写真71）。

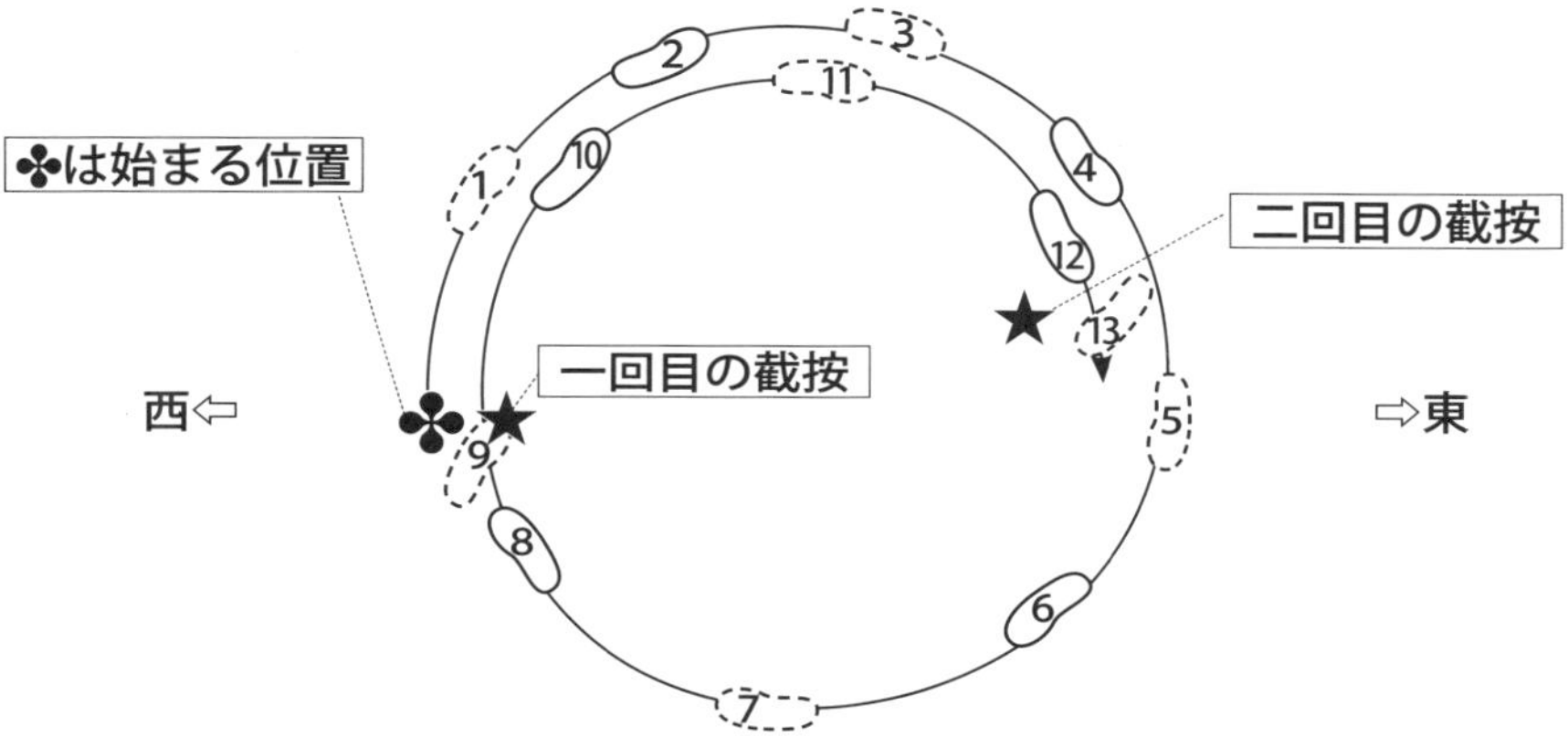

図1

要点

① 十七番の4「行歩穿剣」から十八番の「行歩截按」まで、円に沿って全部で十三歩（一周半）あるく（図1）。

② 九歩目と十三歩目で「截按」を行う。「截按」する前に体を後方にそらせ、両手は左右に大きくひらく。

③ 「截按」の時、左足を着地すると同時に、剣は体の左下方へ押さえるように切る。

十九　弓歩下刺《ゴンブーシャーツー》

72

1　転身分手（ジュアンシェンフェンショウ）

重心を左足に移し、左足底前部を軸にして体を左にまわし、右足を体の前に引き上げる。同時に、両手を左右にひらき、両掌心ともに下に向ける。目は剣先を見る（写真72）。

73

2　弓歩下刺（ゴンブーシャーツー）

右足を斜め前方に踏み出し、かかとから着地させる。重心を右足に移し、左足を自然に伸ばして弓歩とする。同時に、剣は腰のそばを通って掌心を上向きに変えて斜め前方下に突き刺す（下刺）。剣指は腰のそばを通って右手首に移し、掌心を下向きのままにする。目は剣先を見る（写真73）。

要点
体を左にまわす時、両手を左右に大きくひらく。「定式」の方向は、東北約45度とする。

二十　騰空跳刺《トンコンティアオツー》

74

1　転身圧剣（ジュアンシェンヤージェン）

重心を左足に移し、体を左にまわし、右つま先を内側に入れる。同時に、剣は上に上げ、掌心を下向きに変えて左後方（西）下に押さえる（圧剣）。剣指を右手首に添えたままにする。目は剣先を見る（写真74）。

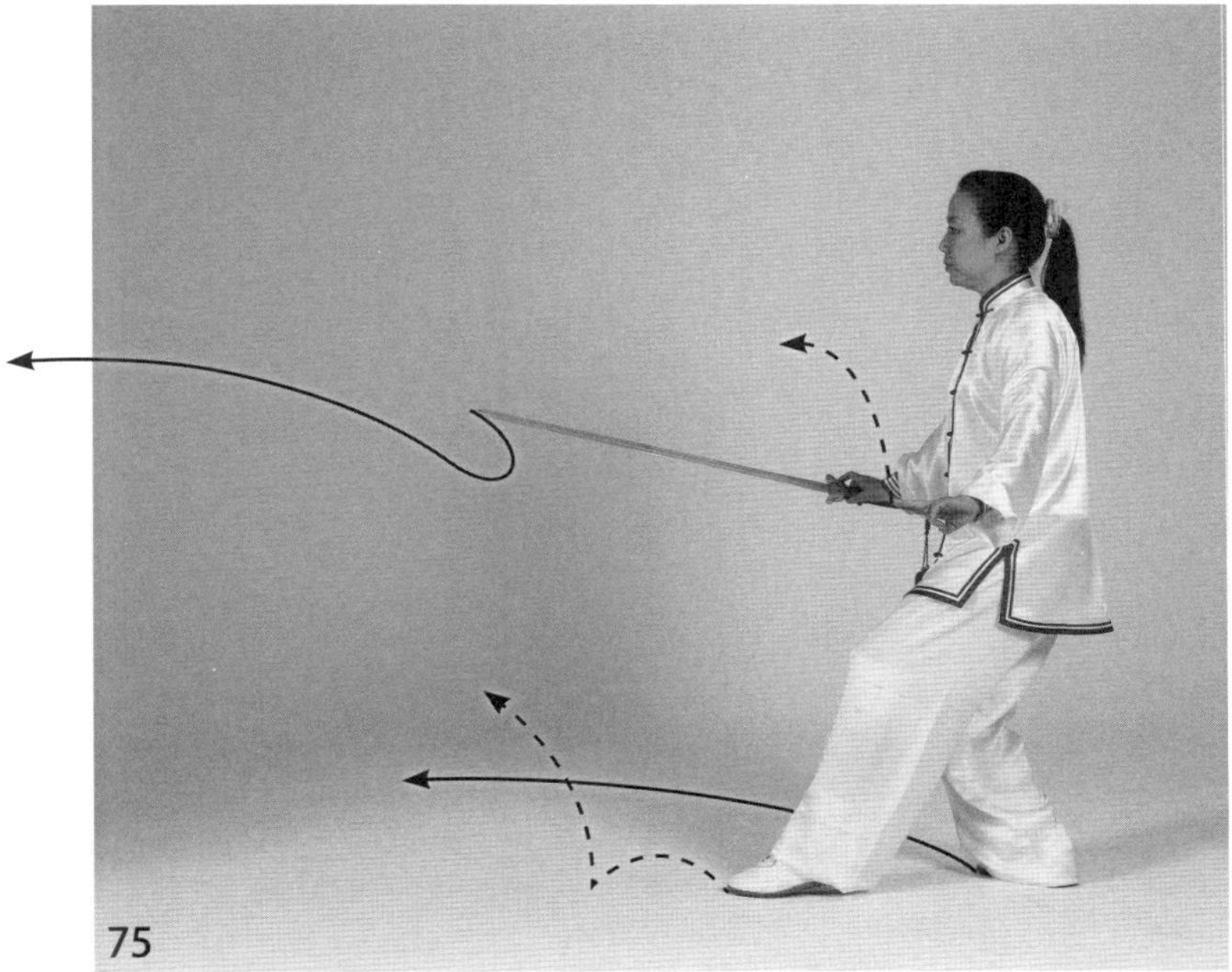
75

2 虚歩分手（シュイブーフェンショウ）

重心を右足に移し、左足をやや後ろに引き、足底前部を着地させて虚歩とする。同時に、両手を左右にひらいて体の横に移し、両掌心ともに下向きのままにして、剣先は内側に、やや上に向ける。目は前方を見る（写真75）。

3　騰空跳刺（トンコンティアオツー）

左足を前に踏み出してそのまま跳び上がり、左足を右足のそばに引き寄せる。同時に、体を左にまわし、剣は掌心を上向きに変え、腰のそばを通って前方（西）へ突き刺し（跳刺）、肩の高さにする。剣指は右肩の前に移し、掌心を下向きのままにする。目は剣を見る（写真76A）。

要点
跳ばない場合は、剣を突き刺すと同時に、足を踏み変え、体をまわすだけでもよい（写真76B・C）。

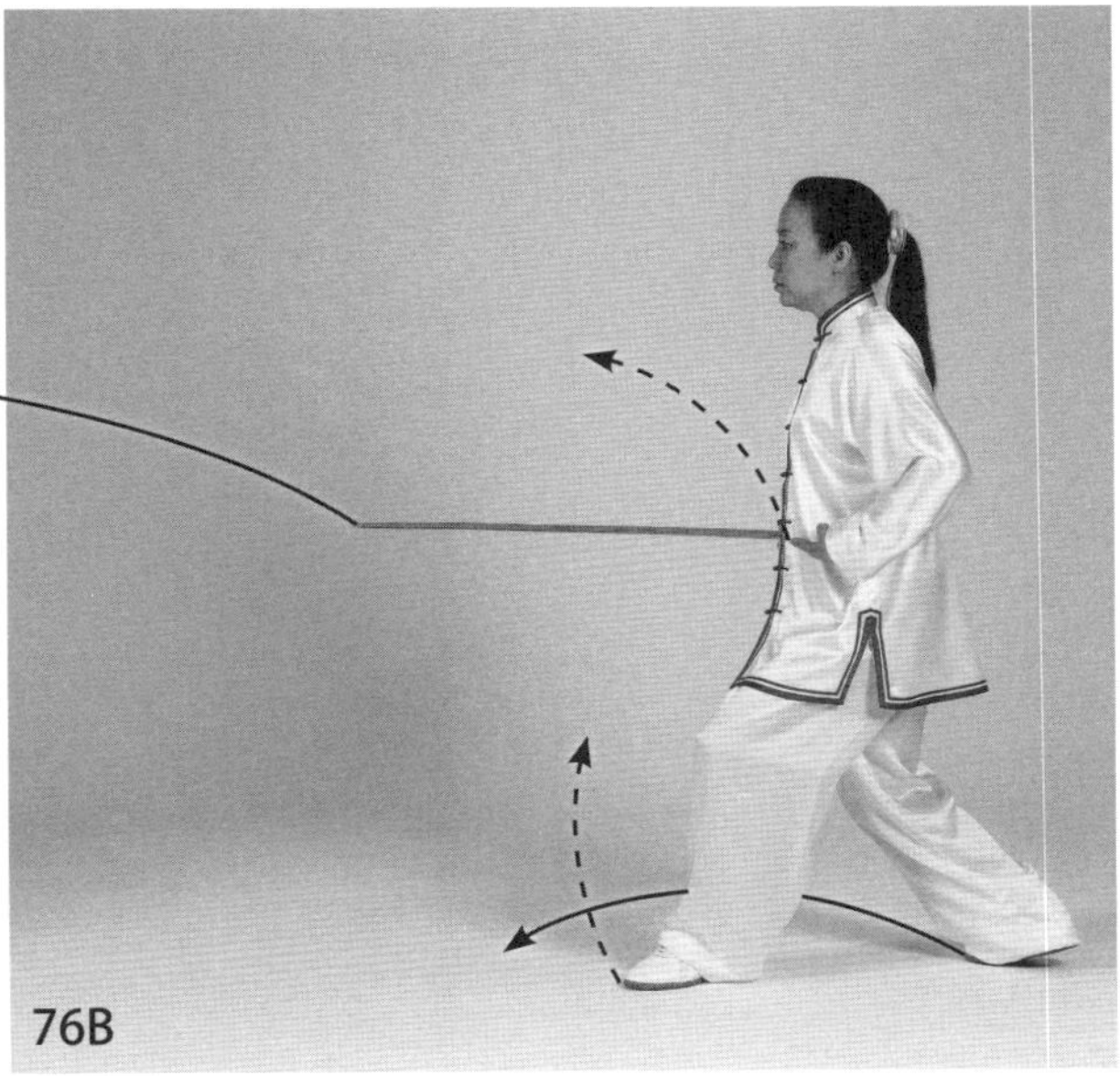

76B

76C

二十一　馬歩蔵剣

マーブーツァンジェン

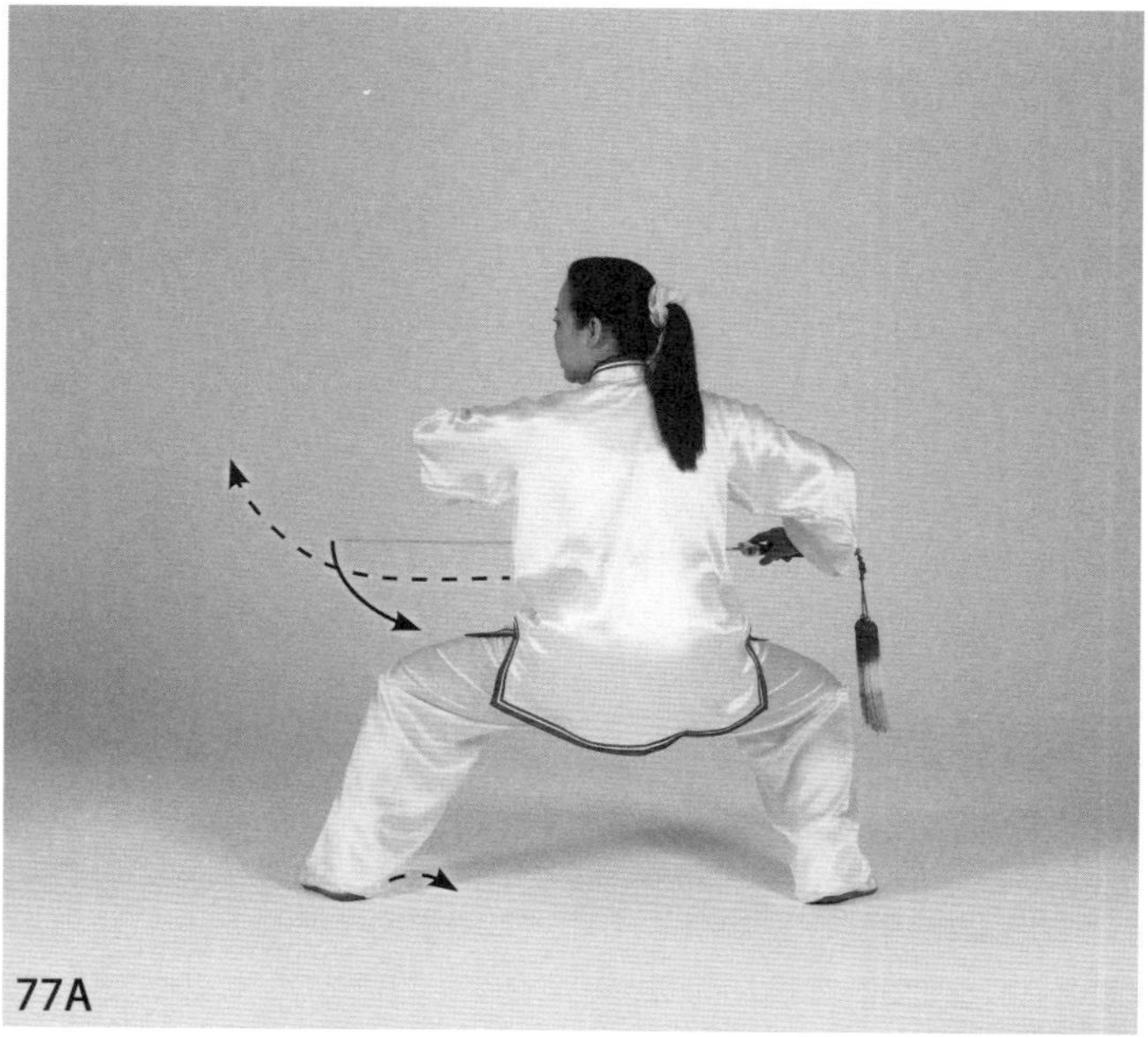

77A

1　馬歩蔵剣（マーブーツァンジェン）

体を左にまわし、両足は足底前部から着地させ、膝を曲げて馬歩とする。同時に、剣は掌心を下向きに変えて体の前に移し、剣を横に、剣先を左に向ける（蔵剣）。剣指はやや左に引いて体の前に移し、掌心を下向きのままにする。目は左側を見る（写真77A・B）。

77B

要点

①着地する時、できれば両足を一緒に着地させる。片足ずつでもかまわない。足を着地する動作と剣を体の前に移す動作は同時に行う。

②「馬歩」の時、胸を北に向け、目は左側（西）を見る。

二十二　回身反刺

ホウイシェンファンツー

78

1　転身落剣（ジュアンシェンルオジェン）

重心を右足に移し、左足をやや後ろに引いて踏み変え、かかとを着地させる。同時に、体を左にまわし、剣は掌心を内向きに変え、やや下におろす。剣指は下に弧を描いて前方上に上げ、掌心を外側に向ける。目は剣指を見る（写真78）。

79

2 上歩崩剣（シャンブーボンジェン）

左つま先を外側に向けて踏みしめ、重心を左足に移し、右足を左足の前に踏み出し、かかとから着地させ、つま先を内側に向ける。同時に、体を左にまわし、剣は体の右側上方にはね上げ（崩剣）、右手を腰の高さにして、剣先を斜め上に向ける。剣指は右上腕の前に移し、掌心を下に向ける。目は剣を見る（写真79）。

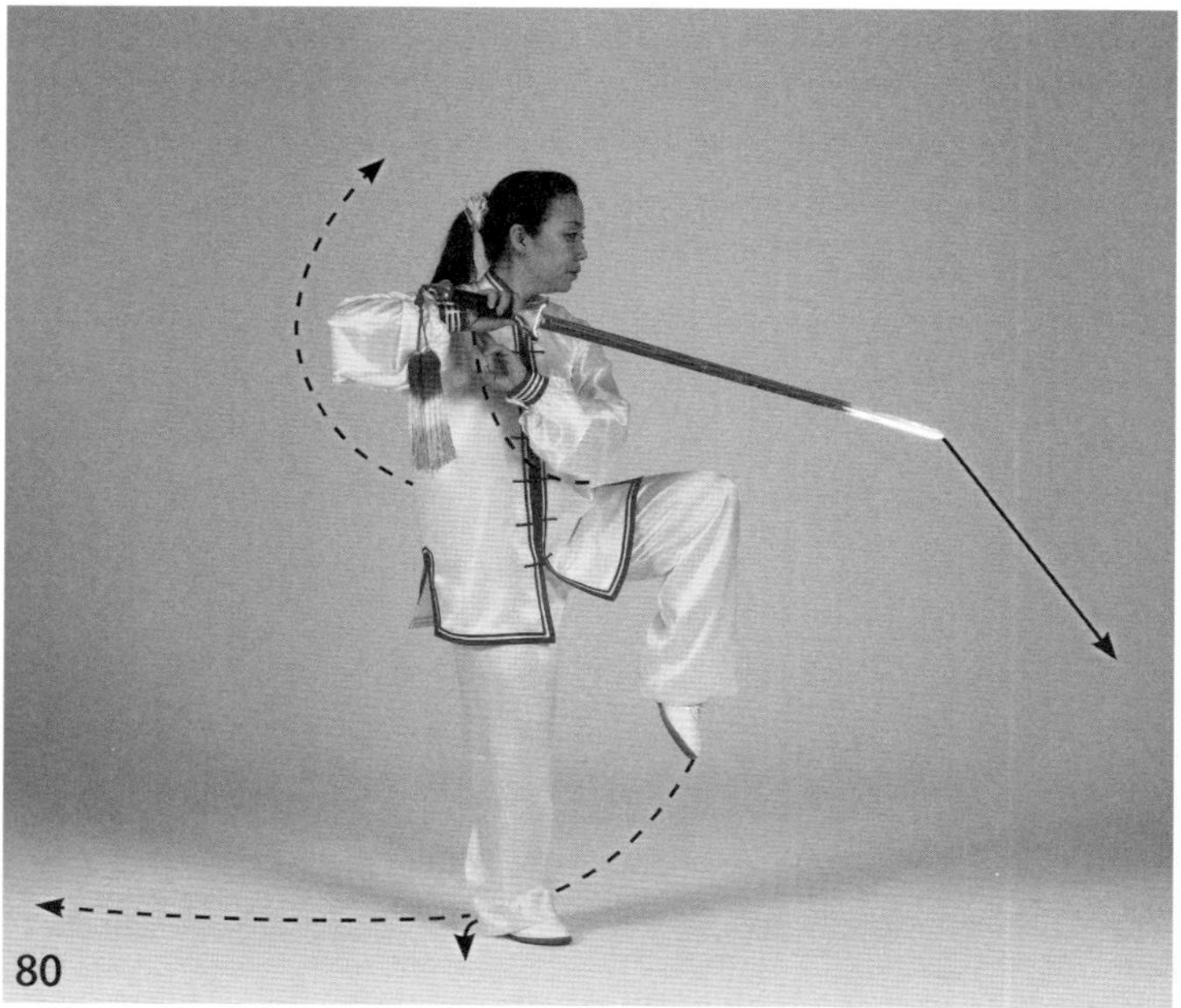
80

3　**転身収剣**（ジュアンシェンショウジェン）

右つま先をさらに内側に入れて踏みしめる。重心を右足に移し、左足を体の前に引き上げる。同時に、体を左にまわし、剣は肩の前に移し、掌心を外側に、剣先を斜め下に向ける。剣指は右手首に移し、掌心を外側に向ける。目は前方を見る（写真80）。

81

4 弓歩反刺（ゴンブーファンツー）

右足底前部を軸にしてかかとを外側にまわし、右膝を曲げ、左足を後ろに着地させ自然に伸ばして弓歩とする。同時に、体を左にまわし、剣は掌心を外側に向けたまま前方下に突き刺す（反刺）。剣指は腰のそばを通って頭の斜め上方に弧を描いて上げ、掌心を斜め上に向ける。目は剣先を見る（写真81）。

要点

①「弓歩」と「反刺」の動作は同時に行う。
②「反刺」の時、上体はやや前傾させ、体をひねってはならない。

二十三 虚歩崩剣

シュイブーボンジェン

82

1　虚歩崩剣（シュイブーボンジェン）

重心を左足に移し、右足を体の前に引き寄せ、足底前部を着地させて虚歩とする。同時に、剣は腕を外旋させ、掌心を左向きに変えて上にはね上げ（崩剣）、剣先を斜め上に向ける。剣指は右手首に移し、掌心を下に向ける。目は剣先を見る（写真82）。

二十四 独立上刺

ドゥーリーシャンツー

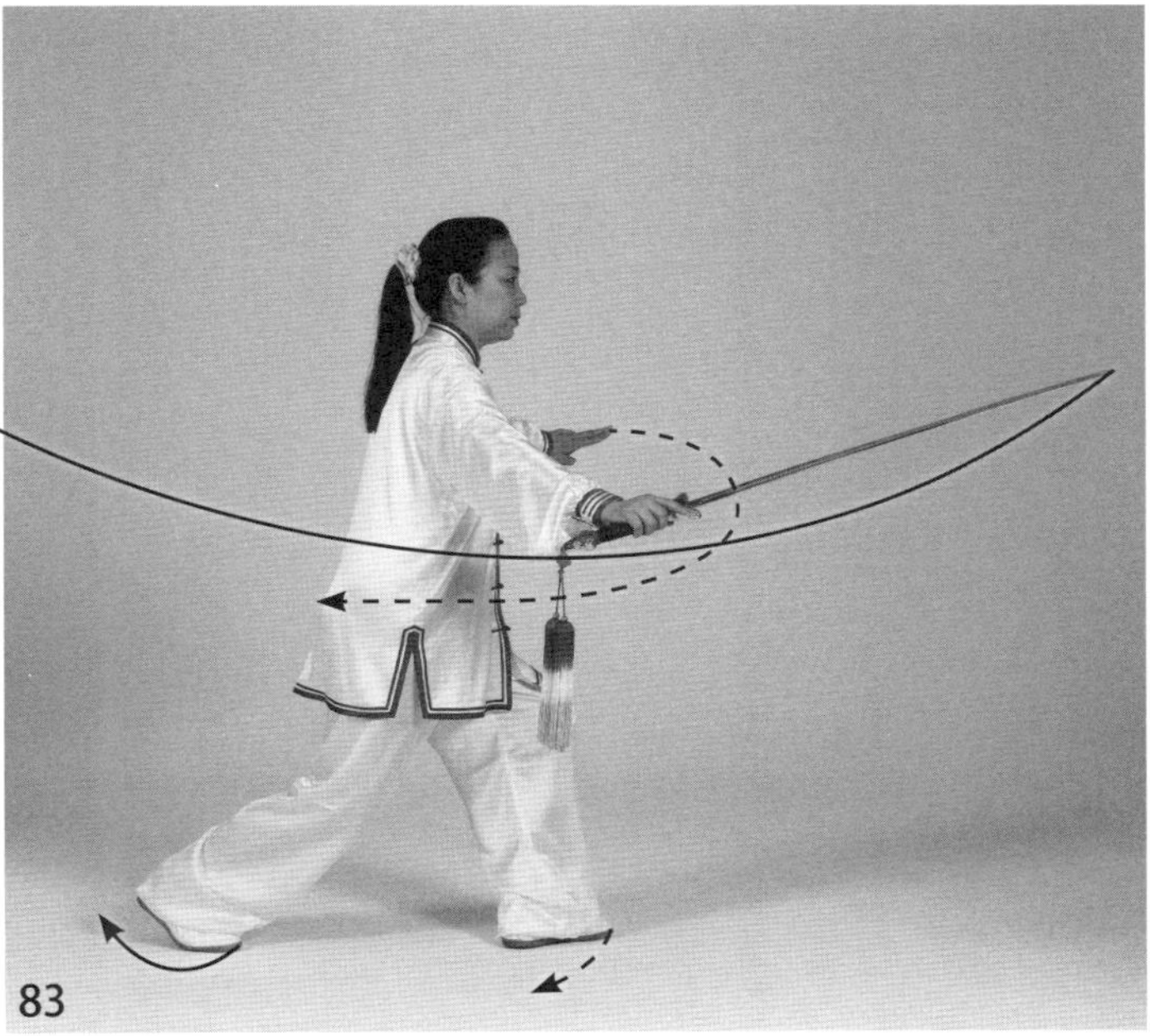
83

① 1

転身分手（ジュアンシェンフェンショウ）

右足を後ろに退き、足底前部から着地させる。同時に、剣と剣指を左右にひらき、両掌心ともに下に向ける。目は前方を見る（写真83）。

要点

右足を後ろに退く時、歩幅は大きすぎないように注意する。

84

②　かかとを着地させ、重心を右足に移すにしたがい、体を右にまわし、左つま先を内側に入れ、右つま先を外側にひらく。同時に両手はさらに左右にひらく。目は前方を見る（写真84）。

85

2　独立上刺（ドゥーリーシャンツー）

①　左足、右足と一歩ずつ進む。同時に、剣と剣指は両掌心を上向きに変えながら腰のそばに移す。目は前方を見る（写真85・86）。

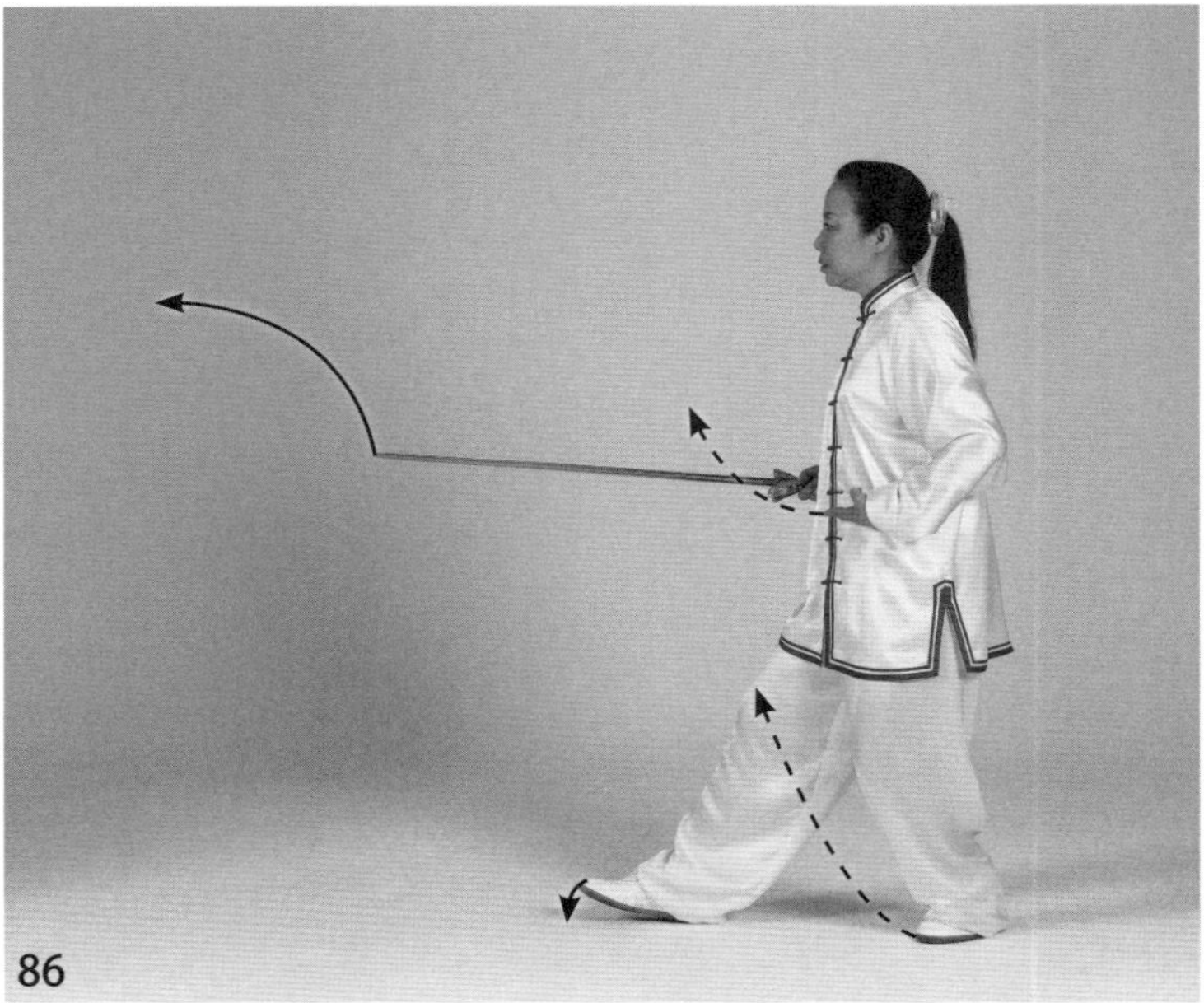
86

要点
足を前に進める時には、中腰の姿勢を保ち、重心を安定させる。

②右つま先を踏みしめて、右足を自然に伸ばして立ち上がり、左膝を体の前に引き上げて独立歩とする。同時に、剣を前方上に突き刺し（上刺）、掌心を上に向ける。剣指を右前腕の上に移し、掌心を下に向ける。目は剣先を見る（写真87）。

要点

「刺剣」の時、両腕を円形に保ち、伸ばしすぎてはならない。「独立」と「刺剣」は同時に行う。

二十五 撤歩雲斬

チョーブーユンジャン

88

1　独立雲剣（ドゥーリーユンジェン）

足はそのままにして、剣は腕を内旋させ右から左へ、顔の前を通って平円を描き（雲剣）、掌心を下に向ける。剣指は右手首に添えたままにする。目は剣を見る（写真88）。

89

2　弓歩斬剣（ゴンブージャンジェン）

右膝を曲げ、左足を後ろに退き、足底前部から着地させ、足を自然に伸ばして弓歩とする。同時に、剣は掌心を下に向けたまま前方へと切り（斬剣）、肩の高さにする。剣指は腰のそばを通って頭の斜め上方に弧を描いて上げ、掌心を斜め上に向ける。目は剣を見る（写真89）。

要点

「雲剣」の時、体をやや後ろにそらせる。「斬剣」と「弓歩」は同時に行う。

二十六　仰身雲抱《ヤンシェンユンバオ》

90

1　仰身雲剣（ヤンシェンユンジェン）

①　両足をそのままにする。剣指を右手首におろし、掌心を下向きに変える。目は左手を見る（写真90）。

91

②　重心を左足に移し、体を後ろにそらせる。同時に、剣は左へと平円を描き、掌心を上向きに変える。剣指は右手首に添えたままにする。目は剣を見る（写真91）。

92

③ 両足をそのままにして、剣はさらに右へと弧を描く（雲剣）。剣は顔の前を通る時、剣指は左にひらき、掌心を外側に向ける。目は剣を見る（写真92）。

93

2　弓歩抱剣（ゴンブーバオジェン）

重心を右足に移し、左足を自然に伸ばして弓歩とする。同時に、剣と剣指は体の前に移し、合わせて剣を抱える（抱剣）。剣指は右手の甲に添え、両掌心ともに上に向け、手は胸の高さにして、剣先をやや上に向ける。目は剣先を見る（写真93）。

要点

① 「雲剣」の時、体を大きく後方へそるようにする。重心を安定させる。
② 「抱剣」と「弓歩」は同時に行う。

二十七　転身回抽

ジュアンシェンホウイチョウ

94

1

① **回身劈剣**（ホウイシェンピージェン）

重心を左足に移し、体を左にまわし、右つま先を内側に入れる。同時に、剣は体の前に引き、掌心を内側に向ける。剣指は右手首に移し、掌心を下向きに変える。目は剣を見る（写真94）。

95

②左つま先を外側にひらく。同時に、剣は左前方に切りおろし（劈剣）、肩の高さにする。剣指はそのままにする。目は剣を見る（写真95）。

96

2 虚歩抽剣（シュイブーチョウジェン）

① 重心を右足に移す。同時に、腰を右にまわし、剣は右下方へと引き切り（抽剣）、剣先を斜め下に向ける。剣指をそのまま右手首に添える。目は右前方を見る（写真96）。

97

② 左足を体の前に引き、足底前部を着地させて虚歩とする。同時に、体を左にまわし、剣をやや後ろに引き、膝の高さにする。剣指は顎の下を通って斜め前方に差し出し、掌心を前に向け、指先を鼻と同じ高さにする。目は剣指を見る（写真97）。

要点

「虚歩」と、剣指、剣先の方向は、東南約30度とする。

二十八 並歩平刺

ビンブーピンツー

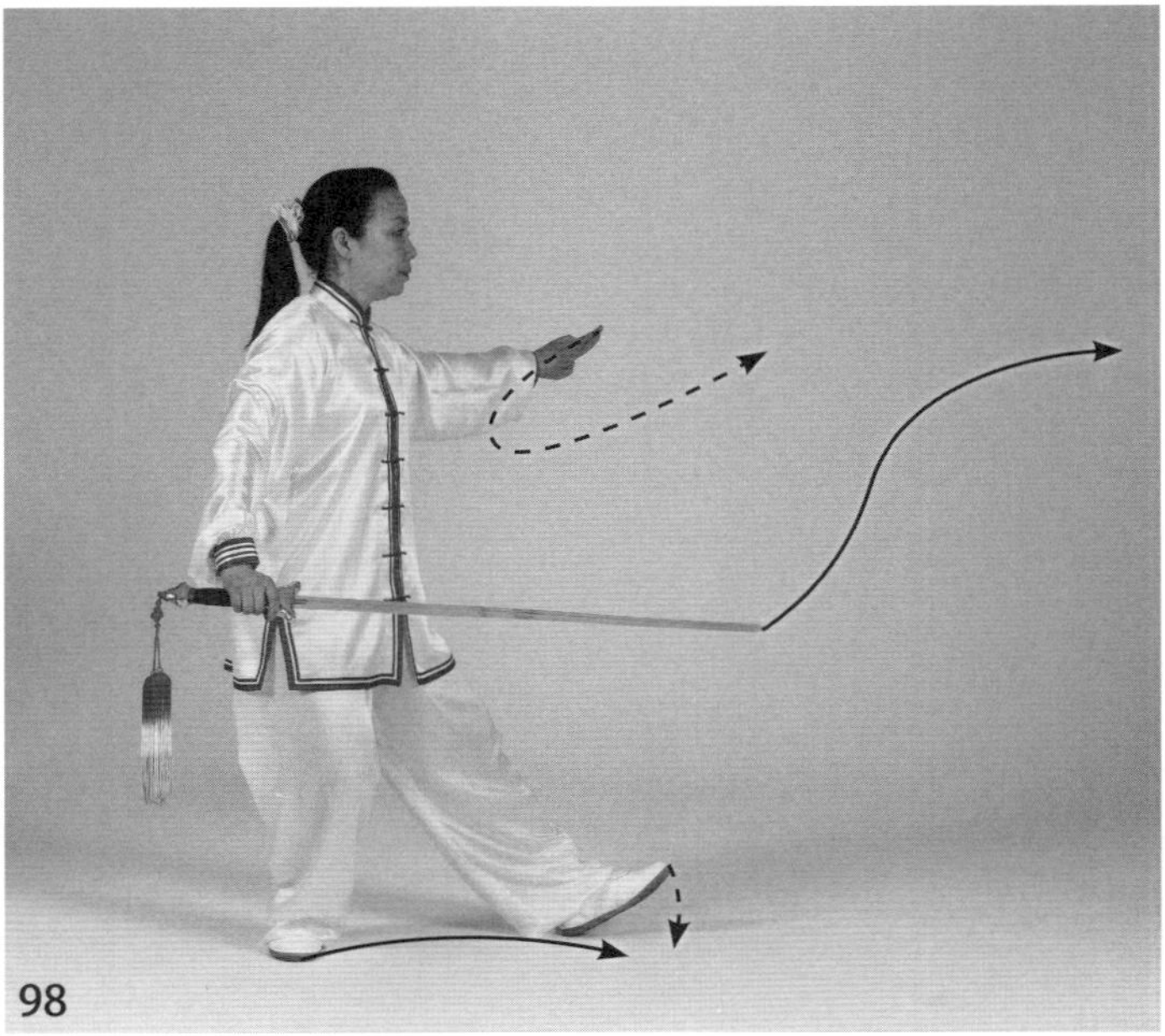
98

1　**並歩平刺**（ビンブーピンツー）

体を左にまわし、左足を左に移し、かかとから着地させる。重心を左足に移し、右足を左足と揃え、両足を自然に伸ばして並歩とする。同時に、剣は腰のそばを通って掌心を上向きに変え、前方に向かって突き刺し（平刺）、胸の高さにする。剣指は体の左側へと弧を描き、腰のそばを通って掌心を上向きに変え、右手の甲に移す。目は剣を見る（写真98・99）。

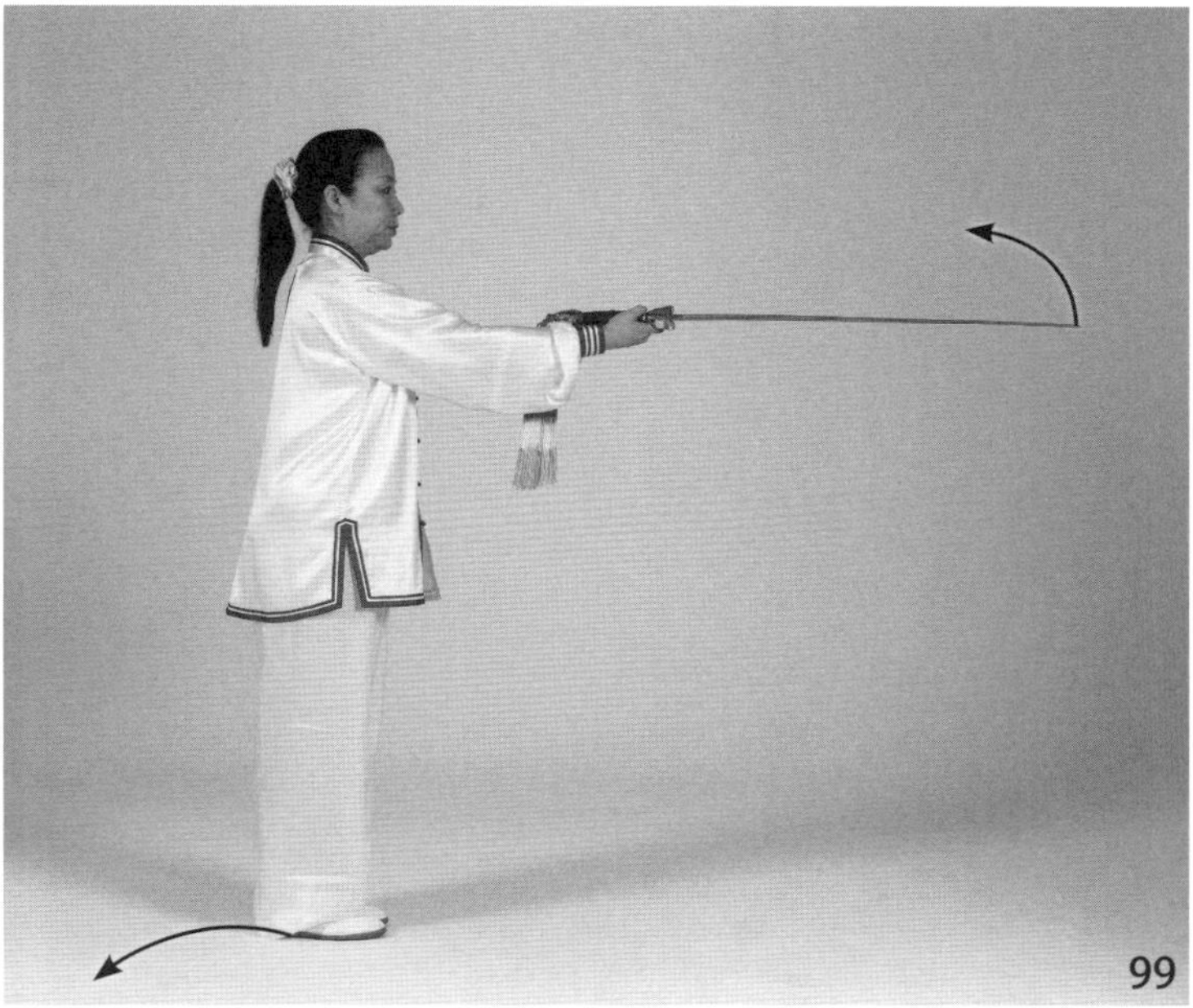

要点

「定式」の方向は東とする。「並歩」と「平刺」の動作は同時に行う。

二十九 行歩撩剣

シンブーリャオジエン

1　撤歩挙剣（チョーブージュイジェン）

腰を落とし、右足を後ろに退く。左足を右足のそばに引き寄せ、足底前部を着地させる。同時に、剣は腕を内旋させ、掌心を外向きに変え、頭の上に上げる。剣指は右前腕に移し、掌心を外向きに変える。目は右前方を見る（写真100・101）。

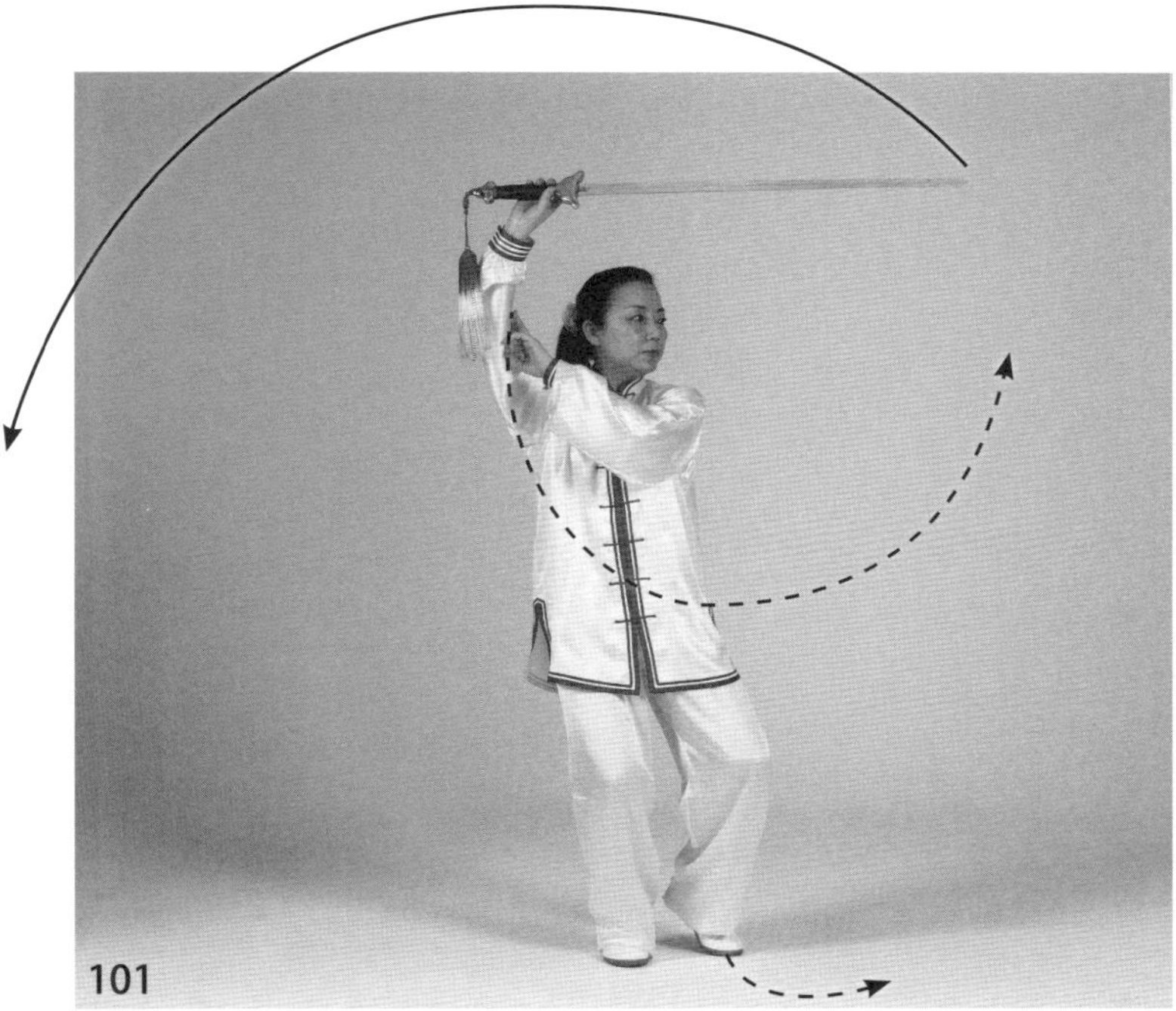

要点

剣を頭の上に上げる時、剣先は中心線を離れないようにする。

①　**2 行歩撩剣**（シンブーリャオジェン）

左足を右前方に一歩踏み出す。その後、右足、左足と続いて円に沿って五歩あるく（行歩）。同時に、剣は体の右後方下におろし、体に沿って左前方上に弧を描いてはね上げる（撩剣）。剣指は下におろし、体の前を通って前方上に弧を描き、体の後方上に移し、掌心を外側に向ける。目は剣を見る（写真102・103・104・105・106・107）。

104

105

106

107

108

109

110

② 引き続き、左足、右足と反対側の円に沿って六歩あるく（行歩）。同時に、剣は体の左後方下におろし、体に沿って右前方上に弧を描いてはね上げる（撩剣）。剣指は体の左下方で右手首に移し、掌心を下に向ける。目は剣を見る（写真108・109・110・111・112・113）。

111

112

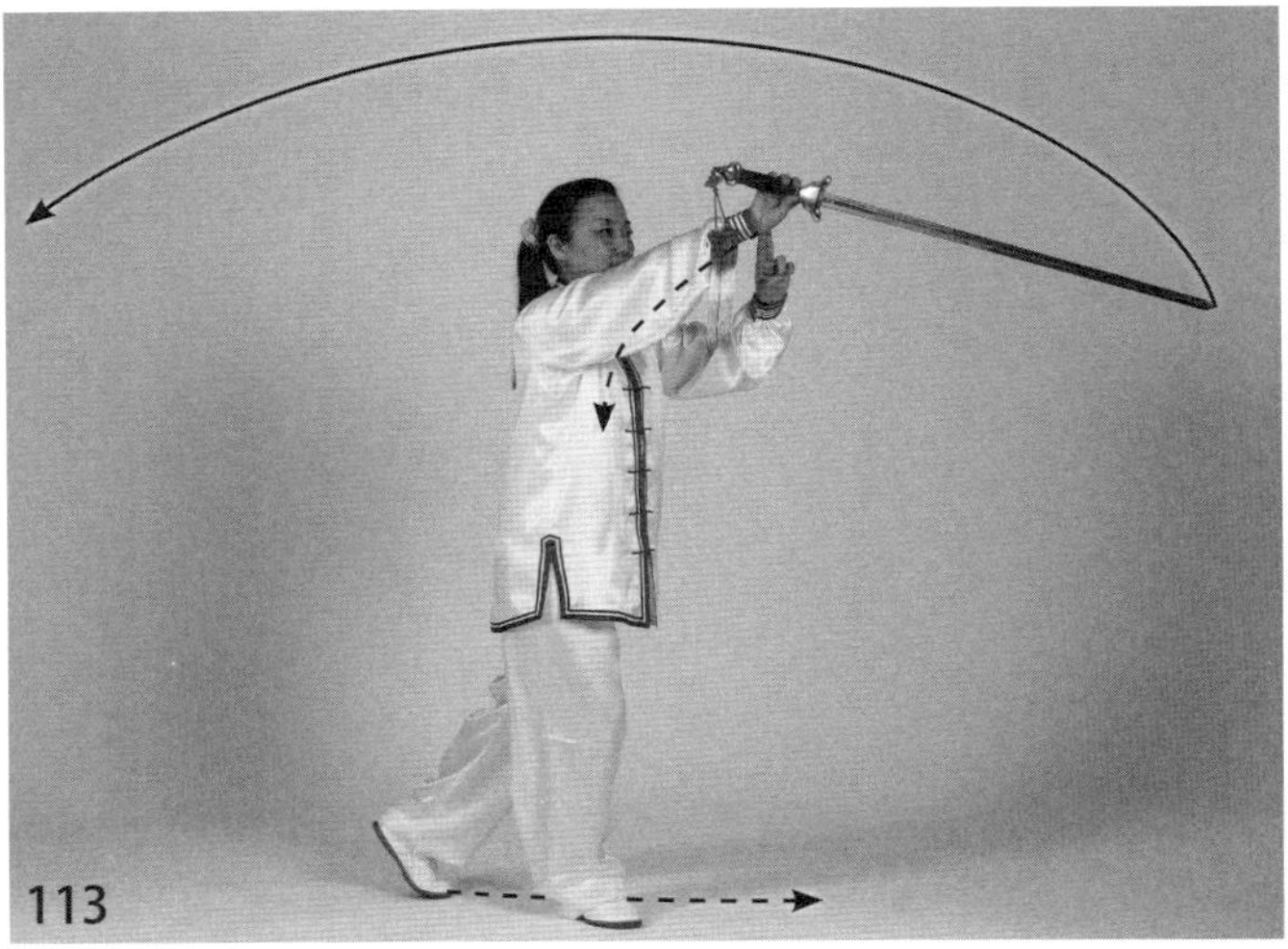

113

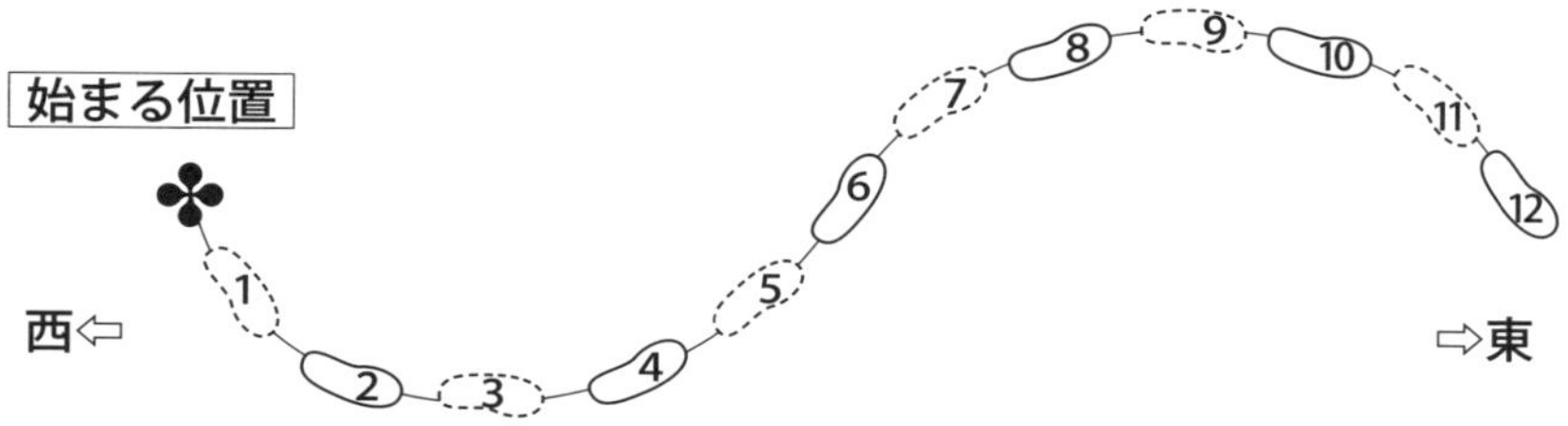

図2

要点

①「行歩」は、中腰でS字を描くように十二歩あるく（図2）。

②「撩剣」は、腰をリードさせ、剣は体に沿って大きく弧を描く。重心を安定させる。

三十 仰身撩剣
ヤンシェンリャオジェン

114

1　上歩繞剣（シャンブーラオジェン）

左足を前に一歩踏み出し、かかとを着地させ、つま先を外側に向ける。同時に、体を右にまわし、剣は後方に弧を描いておろす。剣指は体の前におろし、掌心を下に向ける。目は剣を見る（写真114）。

115

2 仰身撩剣（ヤンシェンリャオジェン）

左足はつま先を踏みしめ、左足を自然に伸ばして立ち上がり、右足を前方上に引き上げる。同時に、体を左にまわして後ろにそらせる（仰身）。剣は前方上にはね上げ（撩剣）、右手を肩の高さにして、剣先を頭の高さにする。剣指は前方上に弧を描いて上げ、頭の左後方上に移し、掌心を外側に向ける。目は剣先を見る（写真115）。

要点

「撩剣」と、体をそらせる動作と右足を上げる動作は同時に行う。

三十一 蓋歩截按《ガイブージェーアン》

1　落脚落剣（ルオジャオルオジェン）

左膝を曲げ、右足をかかとから着地させ、つま先を外側に向ける。重心をやや右足に移し、左かかとを上げる。同時に、体を右にまわし、剣をやや下にさげる。剣指は体をまわすにしたがい前に移す。目は剣先を見る（写真116）。

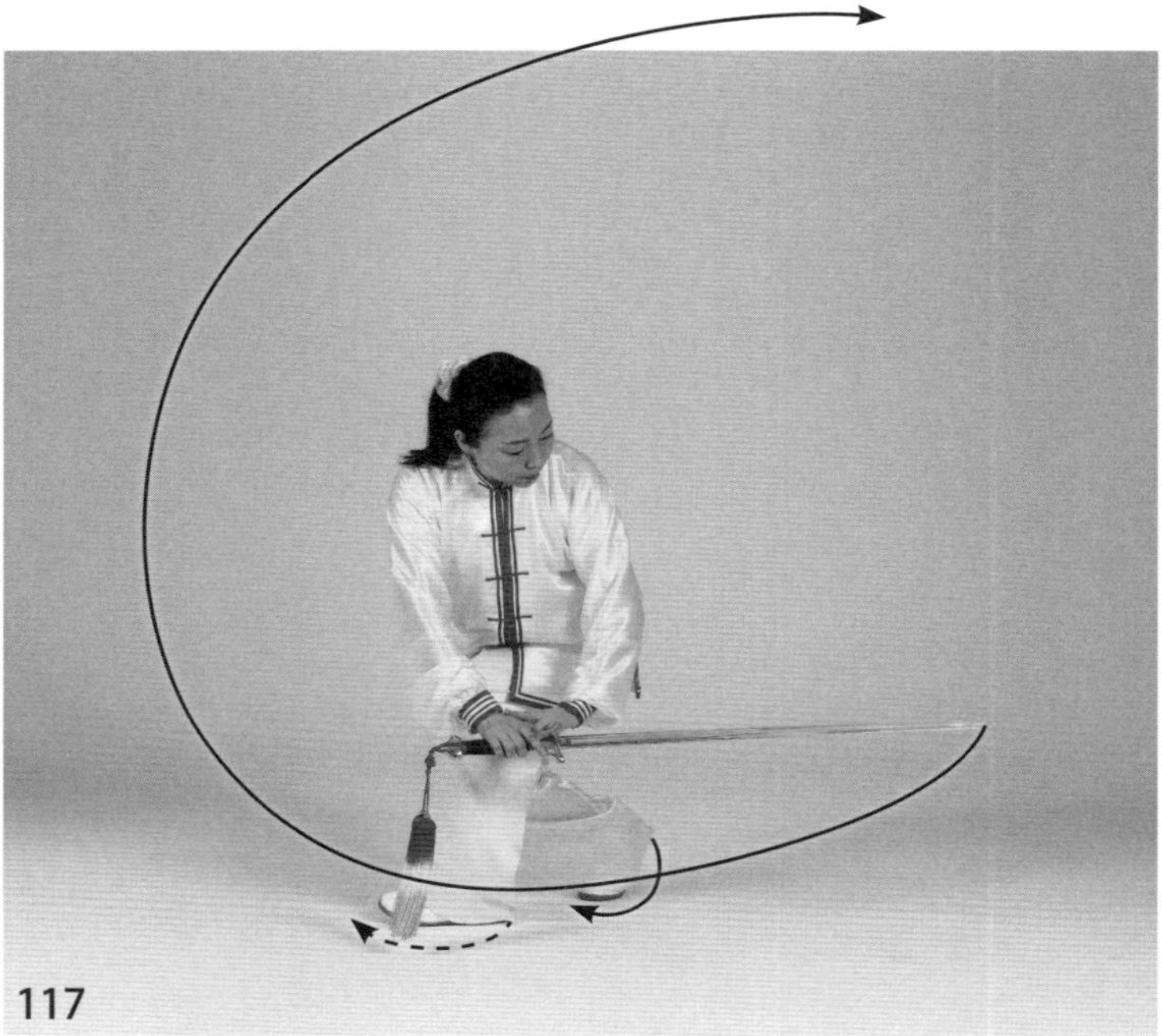

2 蓋歩截按（ガイブージェーアン）

右足底前部を軸にして体を右にまわし、左足は右足の前を通って前方にかかとから着地させ、つま先を内側に向ける（蓋歩）。腰を落とし、右かかとを上げる。同時に、剣は体の右側で手首を軸にして一周まわし（腕花）、掌心を内向きに変え、体の左後方下段に押さえるように切る（截按）。剣指は右手首に移し、掌心を下に向ける。目は剣先を見る（写真117）。

三十二 跳歩下刺

ティアオブーシャーツー

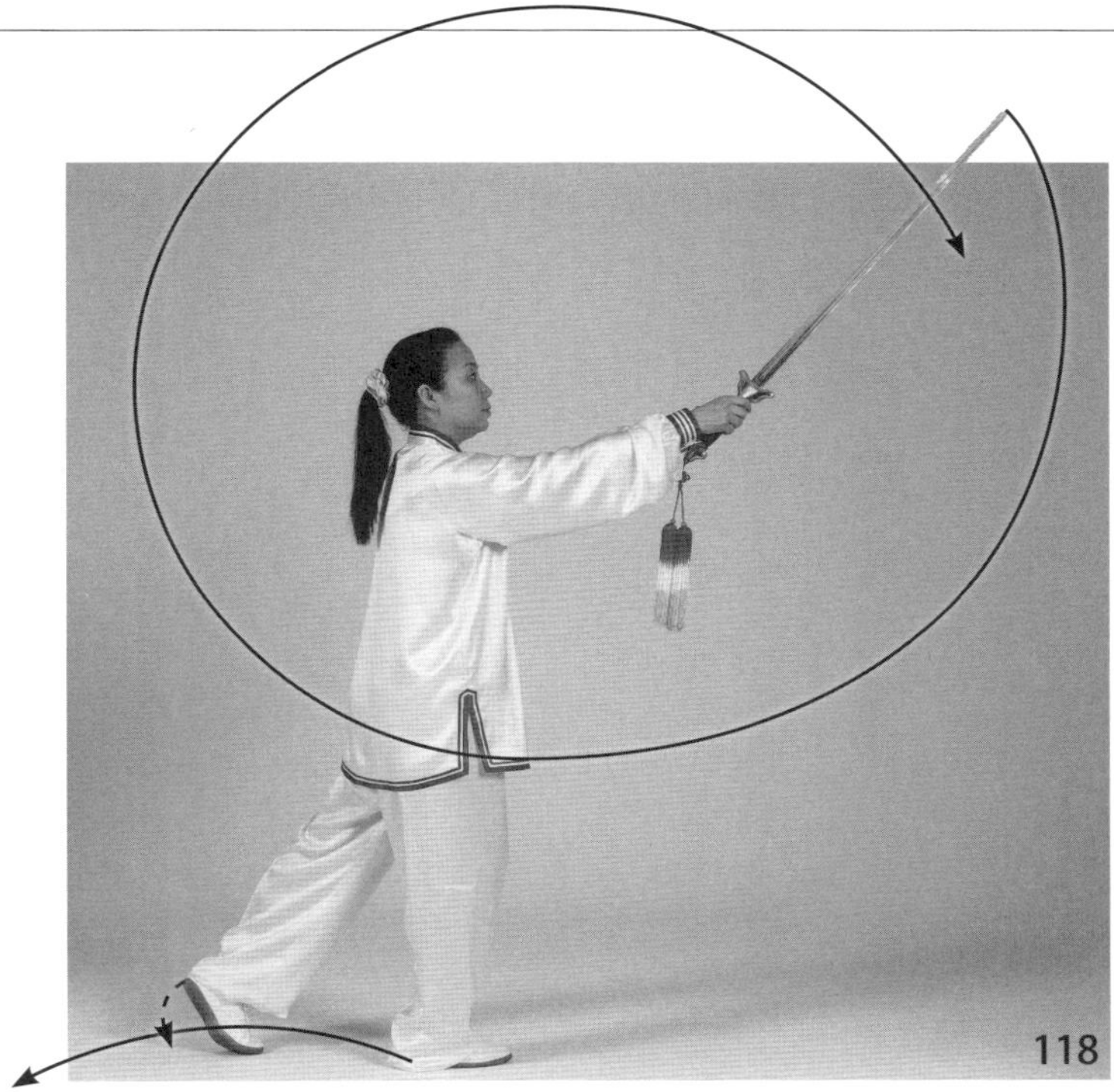
118

① 1

撤歩繞剣（チョーブーラオジェン）

両足底前部を軸にして、体を右にまわす。重心を右足に移し、左かかとを上げる。同時に、剣は体をまわすにしたがい前方上に弧を描き、剣先を斜め上に向ける。剣指は右手首に添えたままにする。目は剣を見る（写真118）。

119

②左かかとを着地させ、重心を左足に移し、左膝を曲げ、右足を後方に一歩退き、つま先を着地させる。同時に、剣は体の右側で手首を軸にして一周まわす（腕花）。剣指は右手首に添えたままにする。目は剣を見る（写真119）。

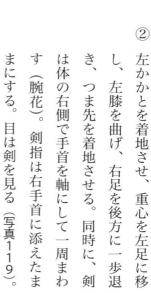

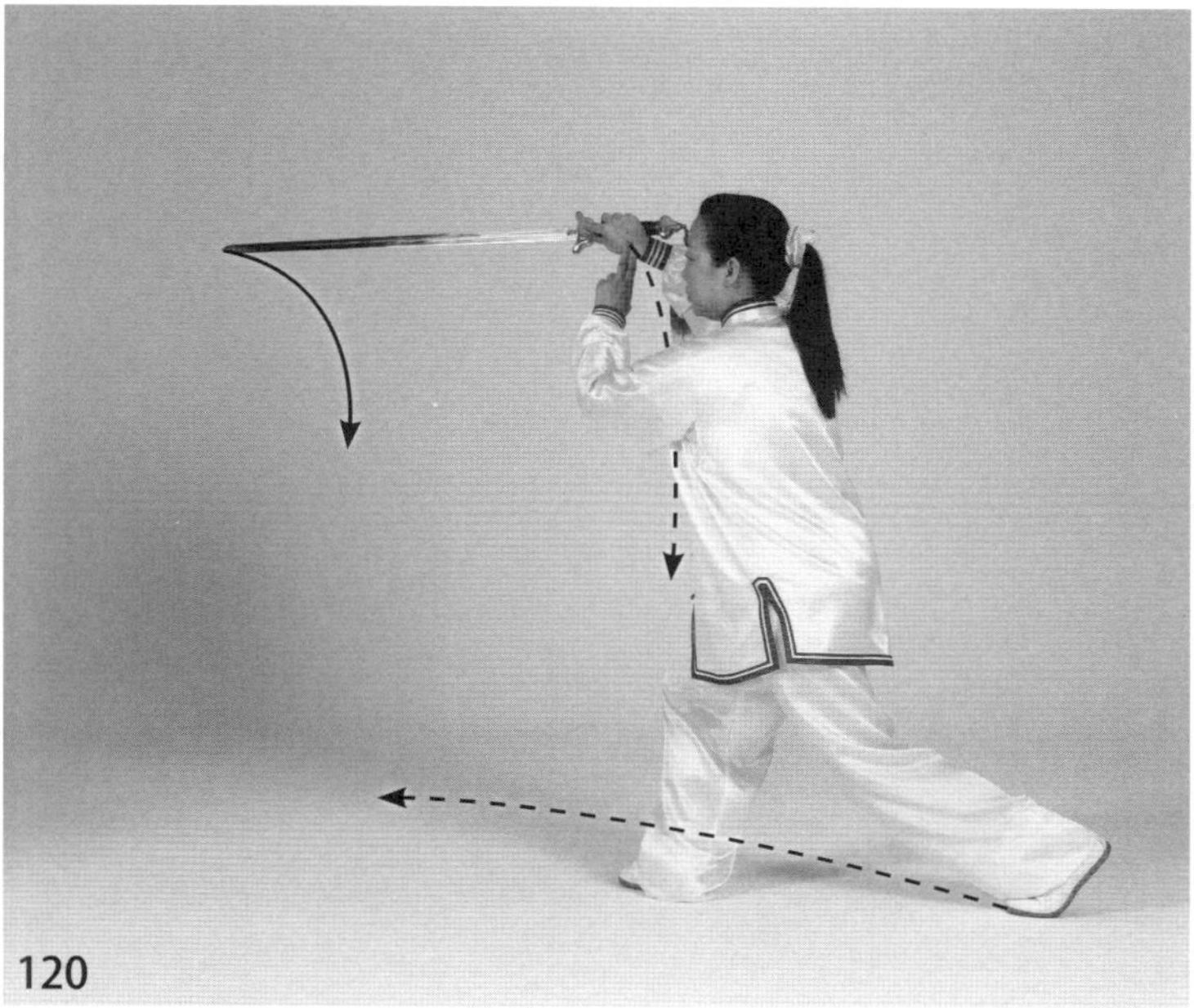
120

2 転身抽剣（ジュアンシェンチョウジェン）

右かかとを踏みしめて、重心を右足に移し、左つま先を内側に入れ、右つま先を外側にひらき、体を右にまわす。同時に、剣は下に引き切るように弧を描いて頭の右前方上に移し、掌心を外側に向ける。剣指は右手首に添えたままにする。目は剣先を見る（写真120）。

122

121

3 跳歩収剣（ティアオブーショウジェン）

左足を斜め前方に一歩踏み出してそのまま軽く跳ぶ。左つま先を外側に向けて着地させ、右足を左足のそばに引き寄せる。同時に、剣と剣指は腰のそばに移し、両掌心ともに上向きに変える。目は斜め前方を見る（写真121・122）。

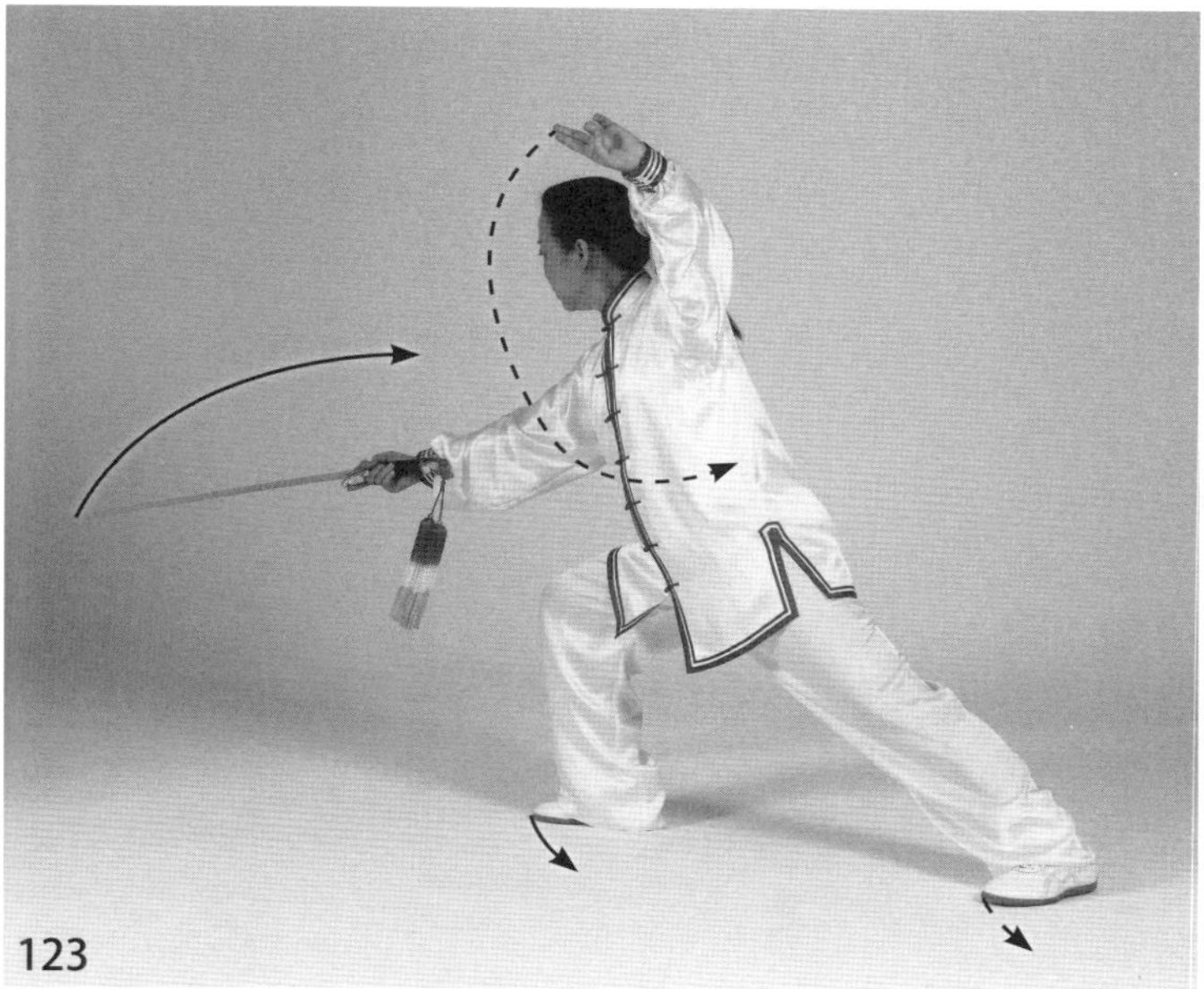
123

4　弓歩下刺（ゴンブーシャーツー）

右足を斜め前方に一歩踏み出し、かかとから着地させる。重心を右足に移し、左足を自然に伸ばして弓歩とする。同時に、剣は掌心を上向きのまま斜め前方下に向かって突き刺す（下刺）。剣指は頭の斜め上方に弧を描いて上げ、掌心を斜め上に向ける。目は剣先を見る（写真123）。

要点
「定式」の時、西北30〜45度とし、剣先は膝の高さにし、上体をやや前傾にする。

三十三　歇歩圧剣

シェーブーヤージェン

124

1　**転身擺剣**（ジュアンシェンバイジェン）

重心を左足に移し、右つま先を内側に入れ、左つま先をひらく。同時に、体を左にまわし、剣は弧を描いて体の前に移し、掌心を上向きのまま、肩の高さにする。剣指は体の前を通って左腰のそばに移し、掌心を上向きに変える。目は剣先を見る（写真124）。

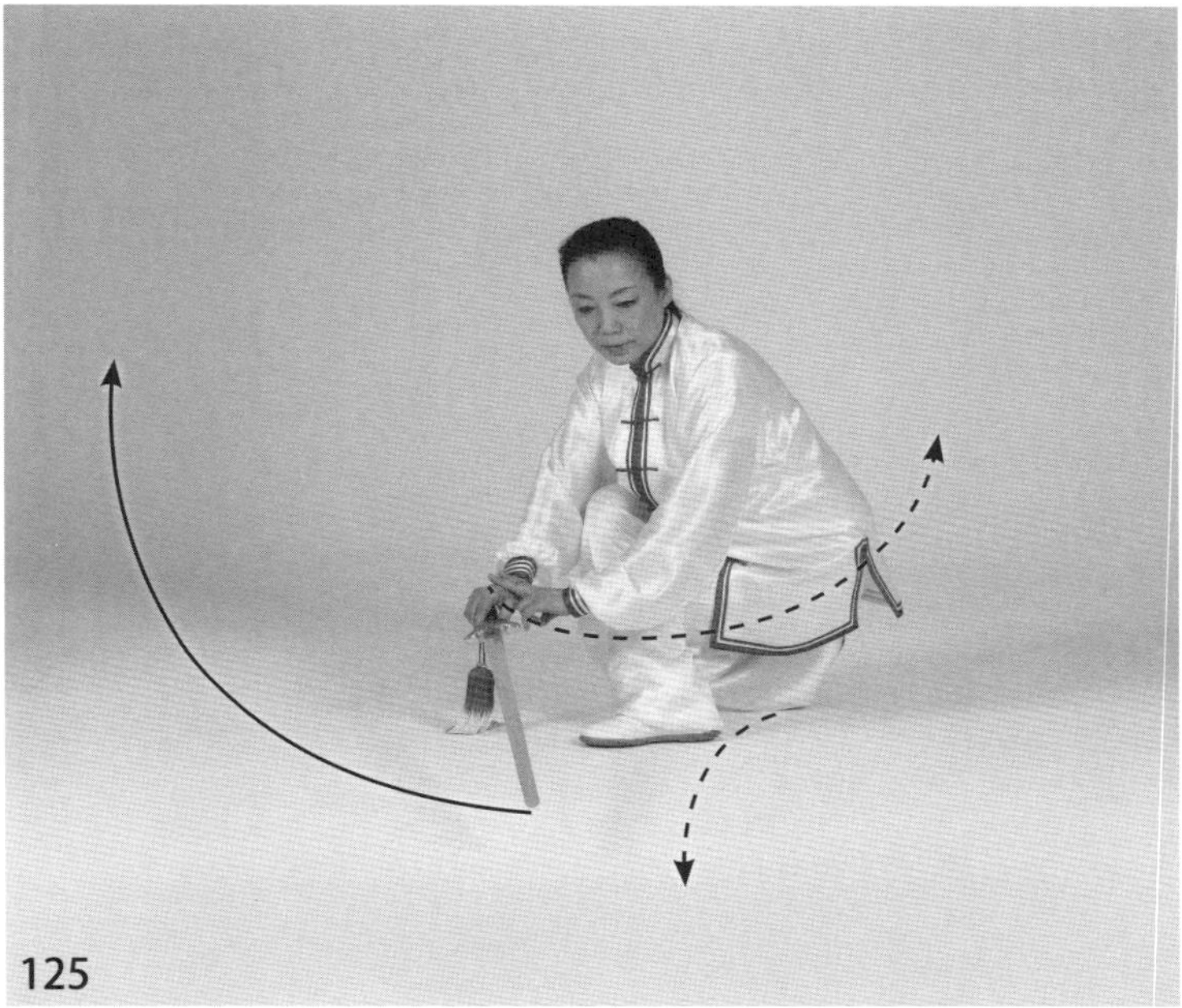
125

2　歇歩圧剣（シェーブーヤージェン）

右足を左足の前にかかとから着地させ、つま先を外側に向け、左かかとを上げ、両膝を曲げ、腰を深く落として歇歩とする。同時に、体を右にまわし、剣は腕を内旋させ、掌心を下向きに変えて体の右下方に押さえる（圧剣）。剣先を前（南）に向け、剣を地面と水平にさせる。剣指は上に弧を描き右手首に移し、掌心を下向きに変える。目は剣先を見る（写真１２５）。

三十四　虚歩点剣
シュイブーディエンジェン

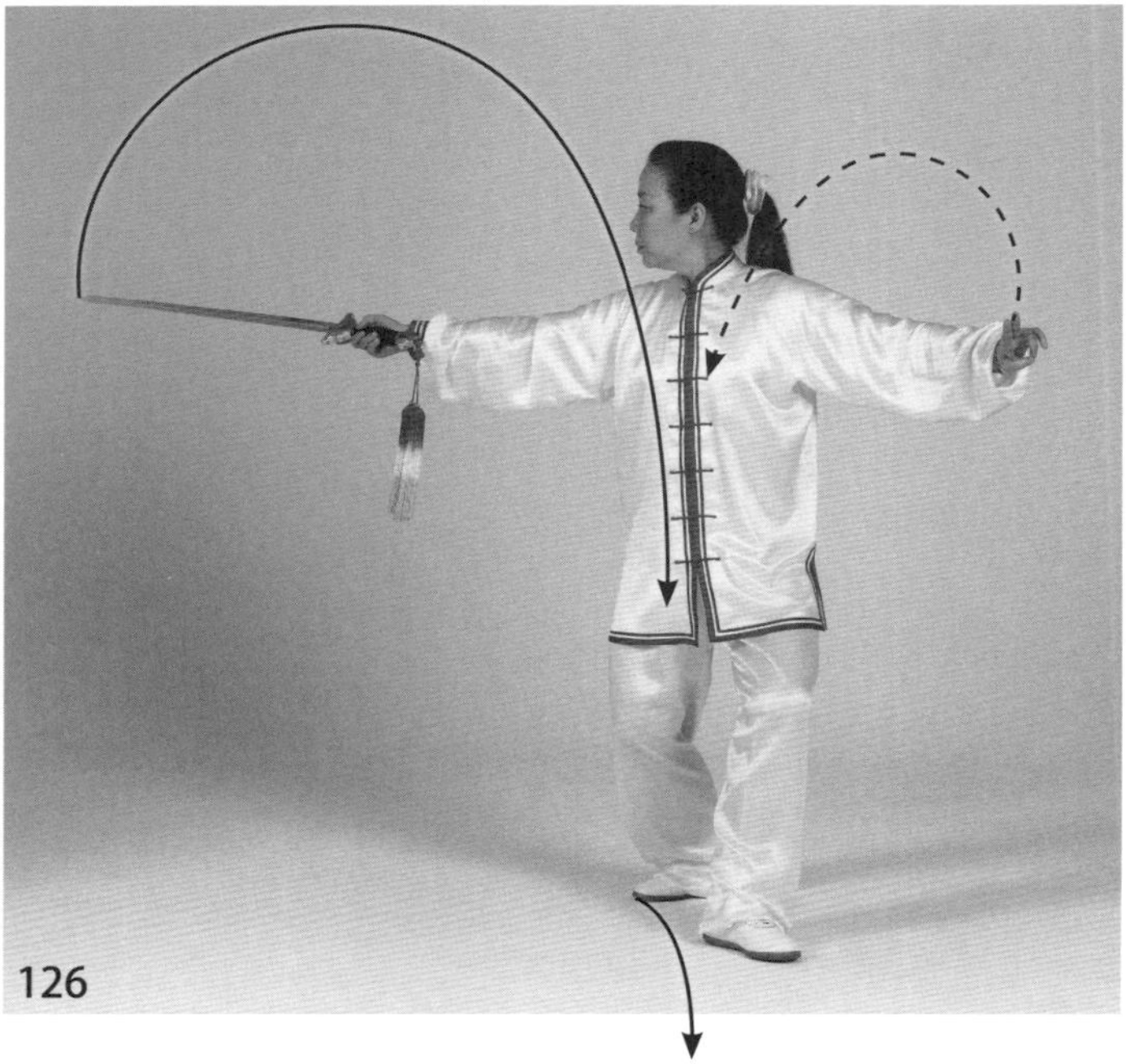

1　上歩分手（シャンブーフェンショウ）

右足でやや立ち上がり、左足を前方に一歩踏み出し、かかとから着地させ、つま先を外側に向ける。同時に、剣は掌心を上向きに変え、体の右側に弧を描いて上げ、剣先を右後方に向ける。剣指は体の左側に弧を描いてひらき、掌心を外側に向ける。目は右手を見る（写真126）。

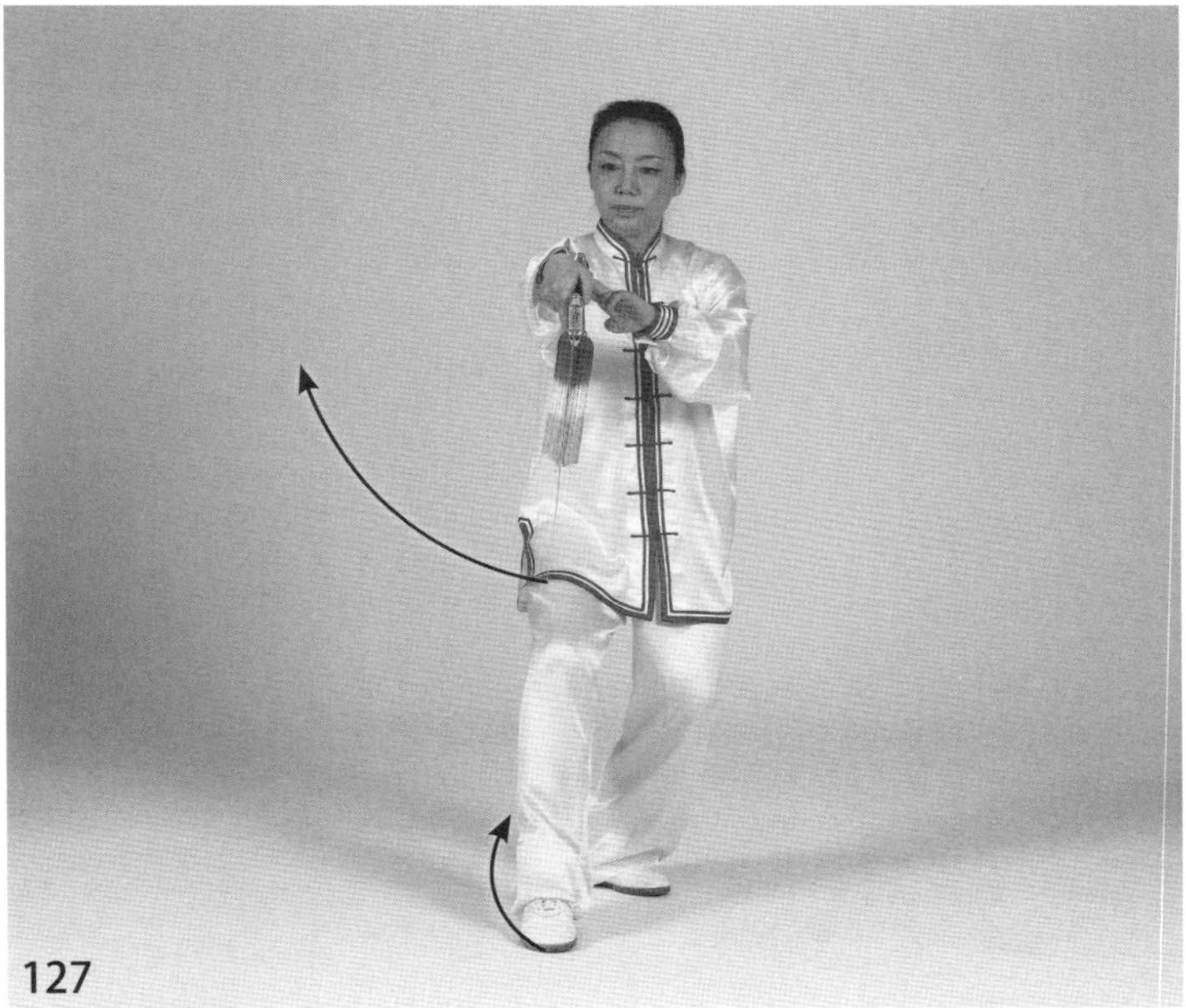
127

2　虚歩点剣（シュイブーディエンジェン）

重心を左足に移し、右足は左足の前に足底前部を着地させて虚歩とする。同時に、剣は上に弧を描き頭の斜め上方を通って前方下に打ちおろし（点剣）、手首を肩の高さにし、剣先は前方下に向ける。剣指は頭の斜め上方を通って右手首に移し、掌心を下向きに変える。目は右手を見る（写真127）。

三十五　独立托架《ドゥーリートゥオジャー》

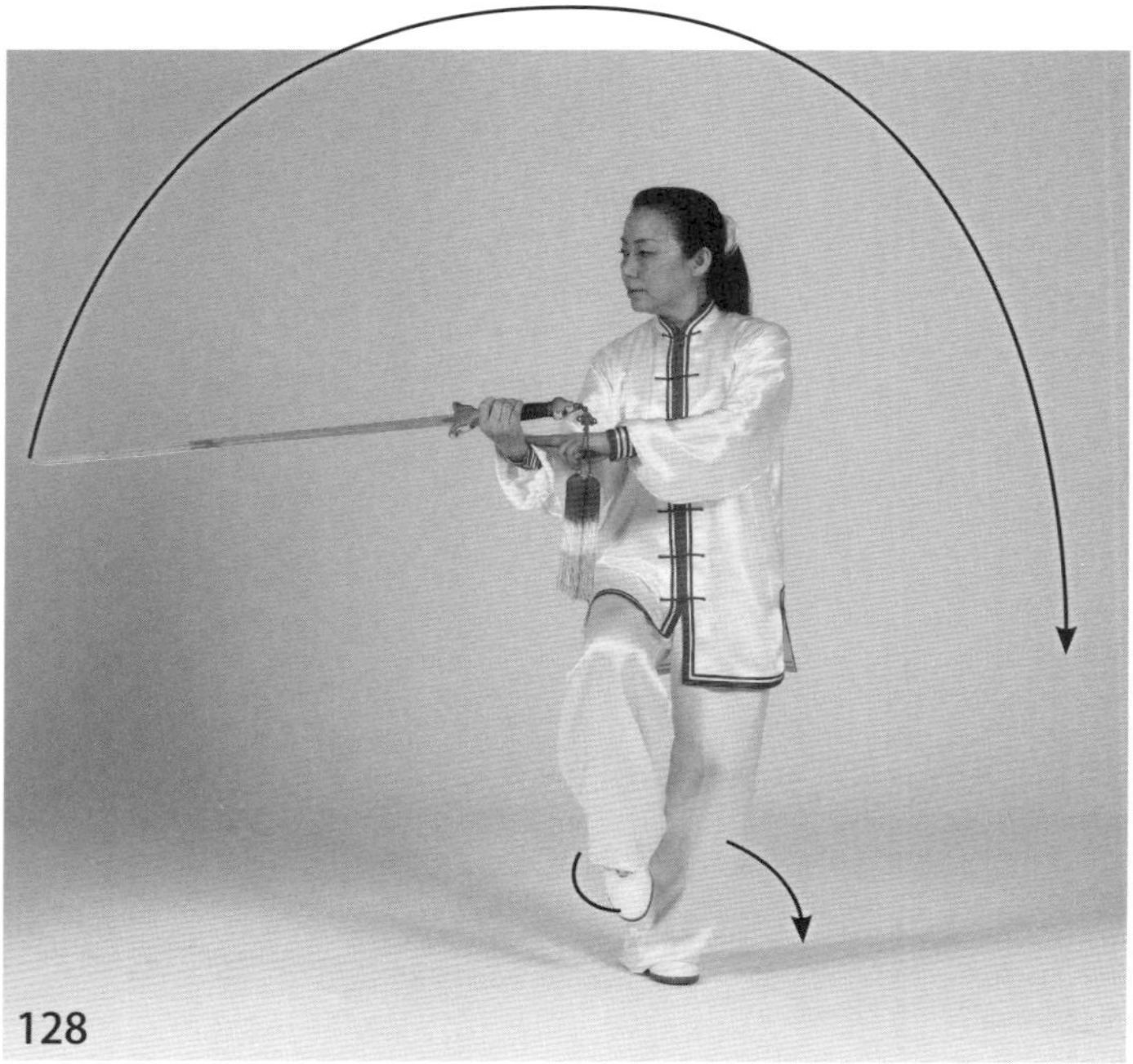
128

1　歇歩截按（シェーブージェーアン）

右足を左足の斜め後ろに差し込み、足底前部を着地させ、両膝を曲げ、腰を深く落として歇歩とする。同時に、剣は手首を軸にして右、上、左に弧を描いてまわし（腕花）、体の左下方に押さえるように切る（截按）。剣先をやや高めにして、掌心を内側に向ける。剣指は右手首に添えたままにする。目は剣先を見る（写真128・129）。

129

要点

① 剣をまわす時、剣は体の前に立円を描くようにする。

② 「截按」の時、右足を着地すると同時に、剣を体の左下方に押さえるように切る。

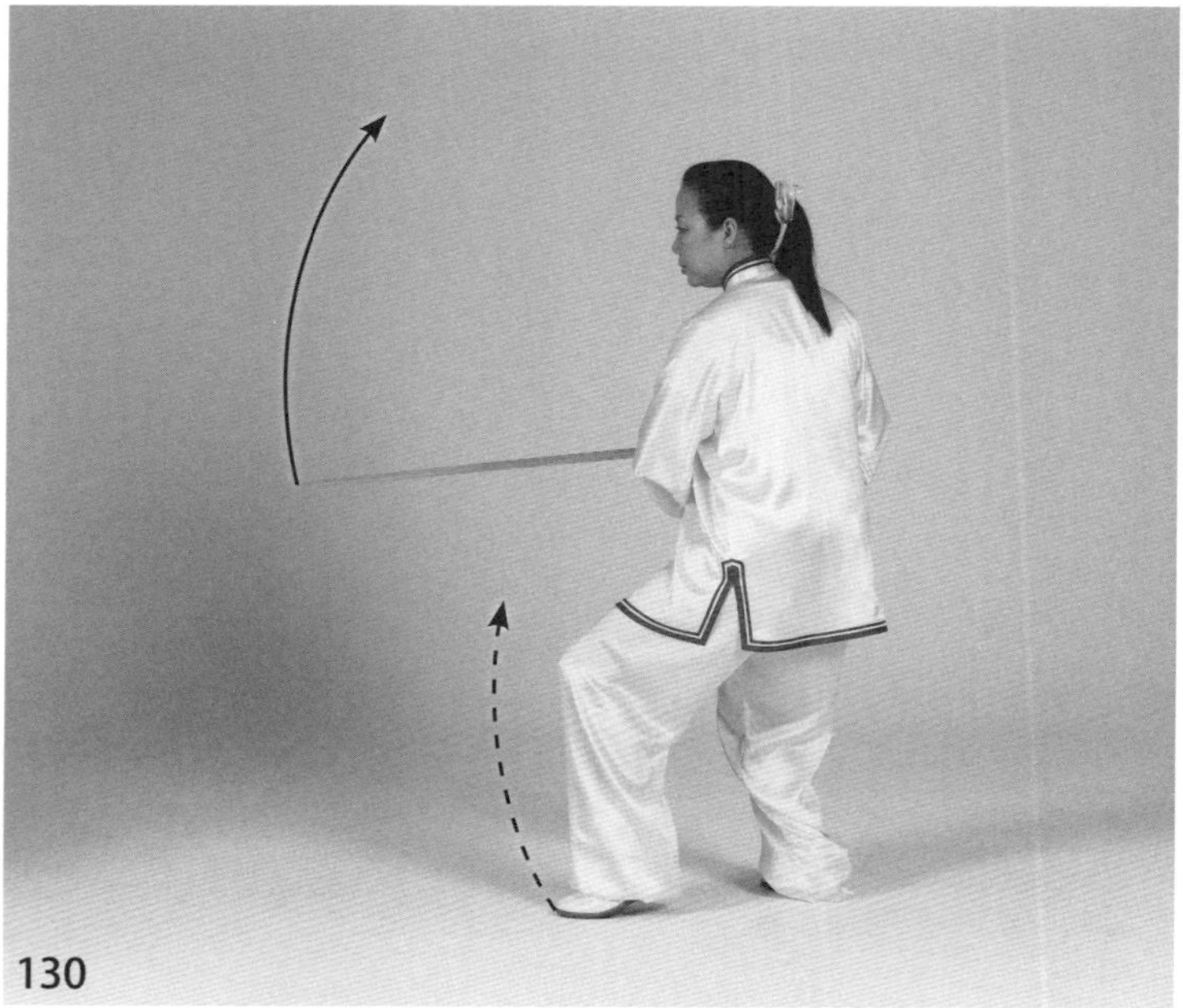
130

2　転身収剣（ジュアンシェンショウジェン）

両足底前部を軸にして、体を右にまわす。同時に、剣を体の右前に移し、掌心を斜め下に向ける。剣指は左手首に添えたままにする。目は前方を見る（写真130）。

131

3　独立托架（ドゥーリートゥオジャー）

右足を自然に伸ばして立ち上がり、左膝を引き上げて独立歩とする。同時に、剣は剣身を水平にして、頭の上に支え上げ（托架）、剣先は前方に向ける。剣指は右前腕に移し、掌心を外側に向ける。目は前方を見る（写真１３１）。

要点

「定式」の時、剣先と左膝を前方（西）に向け、胸は斜め前方(西北)に向ける。「独立」と「托架」は同時に行う。

三十六 左右挂劈《ズゥオユウグアピー》

132

1　**擺歩左挂**（バイブーズゥオグア）

右膝を曲げ、左足は前方にかかとから着地させ、つま先を外側に向ける。重心をやや左足に移し、右かかとを上げる。同時に、体を左にまわし、剣は左足の外側に引っ掛けるようにまわす（左挂剣）。剣指は右手首に移し、掌心を下に向ける。目は剣先を見る（写真132）。

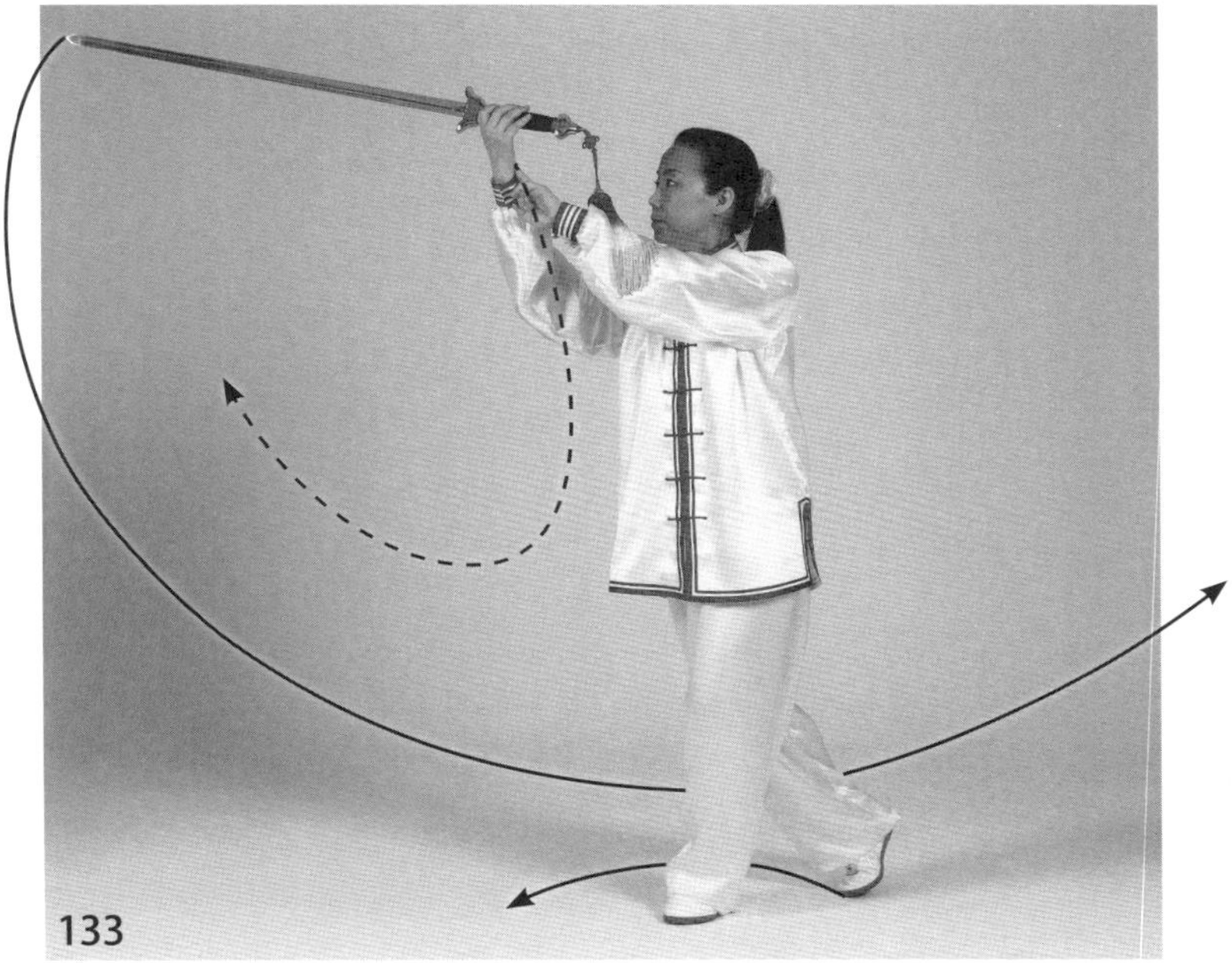
133

2 転身右挂（ジュアンシェンユウグア）

① 足を自然に伸ばして立ち上がり、重心を左足に移す。同時に、剣は剣先をリードさせ、上、前に弧を描いて頭の前方上に上げ、掌心を体の右側に向ける。剣指は右手首に添えたままにする。目は剣を見る（写真133）。

134

②右足を前方に一歩踏み出し、かかとから着地させ、つま先を外側に向ける。両膝を曲げ、重心を右足に移し、左かかとを上げる。同時に、体を右にまわし、剣は掌心を体の右側に向けたままにして右下方に引っ掛ける（右挂剣）。剣指は右足のそばで左にひらき、掌心を外側に向ける。目は剣を見る（写真１３４）。

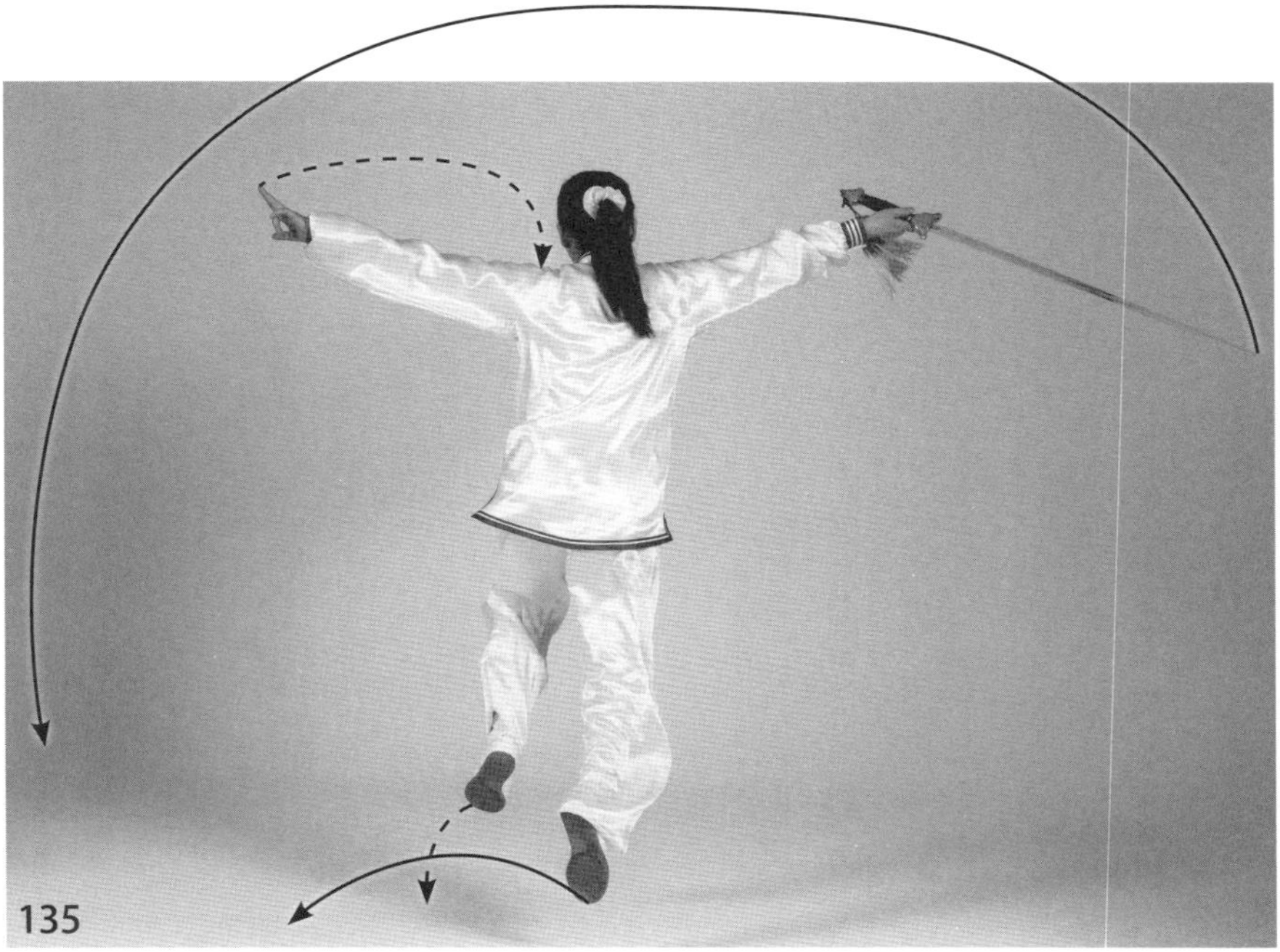

3 歇歩截按（シェーブージェーアン）

① 重心をさらに右足に移してそのまま右足で跳ぶ。同時に、剣は腕を外旋させて掌心を内向きに変えて上に上げる。剣指はやや上に上げる。目は前方を見る（写真135）。

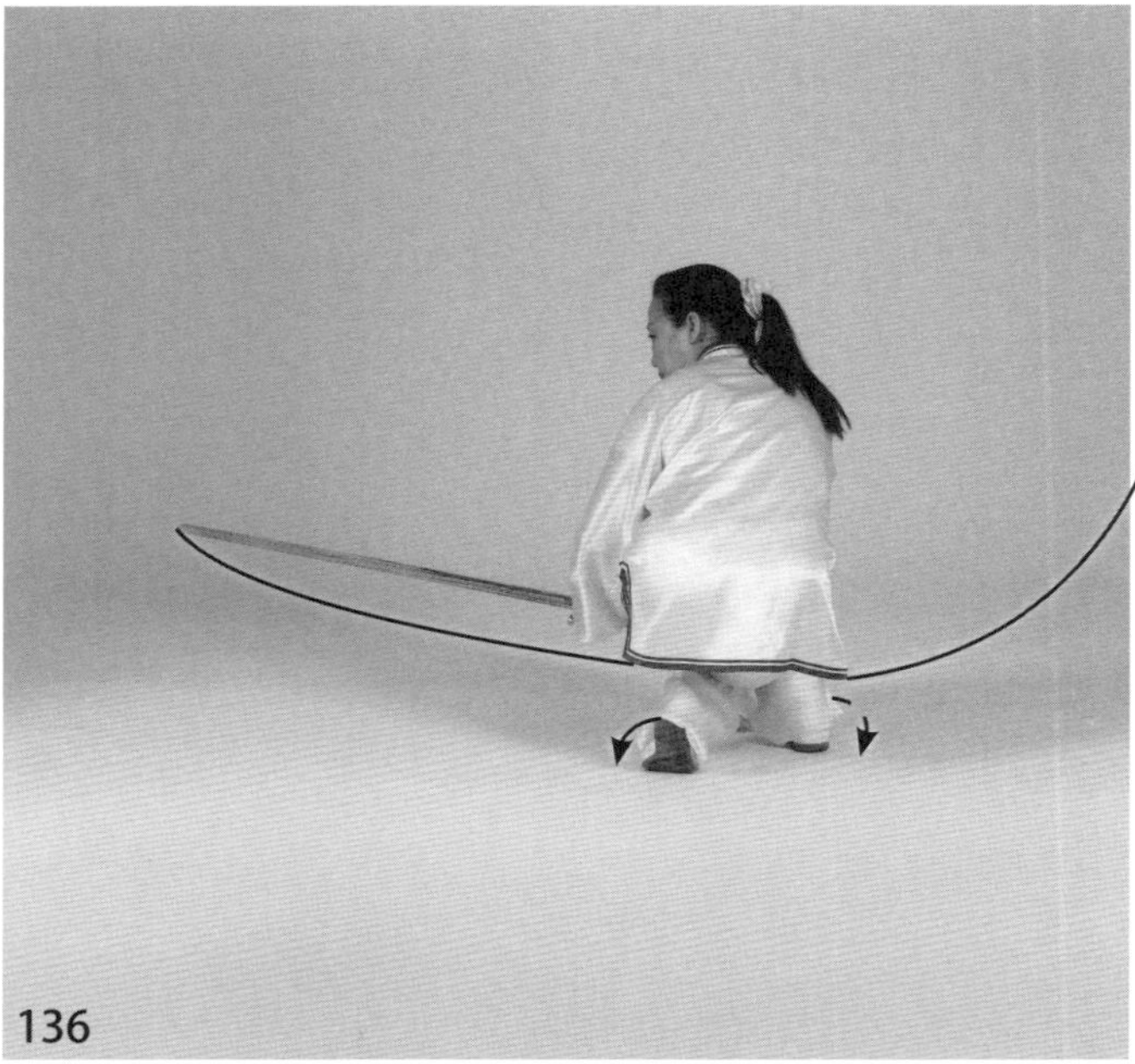
136

②

左足は足底前部から着地させ、右足は左足の斜め後方に足底前部を着地させて、両膝を曲げ、腰を深く落として歇歩とする。同時に、剣は頭の上方を通って体の左下方に押さえるように切る（截按）。剣を横にして剣先をやや高めにする。剣指は右手首に移し、掌心を下に向ける。目は剣先を見る（写真136）。

4　弓歩劈剣（ゴンブーピージェン）

① 右足底前部を軸にして、かかとを内側にまわし、左つま先を内側に入れ、体を右にまわす。同時に、剣は体をまわすにしたがい上に弧を描いて頭部の上方に上げる。剣先は後ろに、掌心を外側に向ける。剣指は掌心を上向きに変え、左腰のそばに移す。目は左後方を見る（写真137）。

138

② 右足を前方（西）に一歩踏み出して、かかとから着地させ、重心を右足に移し、左足を自然に伸ばして弓歩とする。同時に、剣は前方下に切りおろし（劈剣）、肩の高さにする。剣指は頭の斜め上に弧を描いて上げ、掌心を斜め上に向ける。目は剣先を見る（写真138）。

要点

① 左右「挂剣」の時には、腕を大きくまわし、剣は立円を描くようにする。
② 跳ぶ時は、高く跳ぶようにして空中で両腕を大きくひらく。「歇歩」と「截按」、「弓歩」と「劈剣」はそれぞれ同時に行う。

三十七 歇歩後刺

シェーブーホウツー

139

1 歇歩後刺（シェーブーホウツー）

重心を左足に移し、足はやや立ち上がり、右足を左足の斜め後方に差し込み、かかとを地面につけずに、両足を交差させ、腰を深く落として歇歩とする。同時に、剣は掌心を上向きに変え、腰の前を通って斜め後方下へと突き刺す（後刺）。剣指は体の前に移し、掌心を下に向ける。目は剣先を見る（写真139）。

要点

「歇歩後刺」の方向は、東南約45度とする。

三十八　叉歩平斬《チャーブーピンジャン》

140

1　撤歩擺剣（チョーブーバイジェン）

① 右足を右後方に一歩退き、足底前部を着地させる。剣と剣指をそのままにする。目は剣を見る（写真１４０）。

②右かかとを内側に入れて踏みしめる。重心を右足に移し、左かかとを外側にまわし、左足を自然に伸ばして弓歩とする。同時に、体を右にまわし、剣は右後方へと弧を描き、肩の高さにして掌心を上向きのままにする。剣指は体の左側にひらき、腰の高さにして掌心を斜め下向きにする。目は剣先を見る（写真１４１）。

142

2　叉歩平斬（チャーブーピンジャン）

①　重心を左足に移し、剣は右に弧を描いて、頭の右に移す。同時に、剣指は右胸の前に移し、掌心を下に向ける。目は剣先を見る（写真142）。

143

②

重心をさらに左足に移す。同時に、体を左にまわし、剣は体を左にまわすにしたがい顔の前を通って体の前に移し、掌心を下向きに変える。剣指は腰のそばに移し、掌心を上向きに変える。目は剣を見る（写真１４３）。

③　重心を右足に移し、左足を右足の斜め後方に差し込み、足底前部を着地させ、足を自然に伸ばして叉歩とする。同時に、体を右にまわし、剣は右後方上にまわして平らに切る（平斬）。剣先はやや高めにして掌心を下向きのままにし、剣と腕は一直線にする。剣指は頭の斜め上方に弧を描いて上げ、掌心を斜め上に向ける。目は剣先を見る（写真１４４）。

要点

①　重心を左右に移動する時、剣は大きく弧を描き、剣が体の前を通る時、体をややそらせる。

②　「定式」の時、体はやや前傾させる。「叉歩」と「平斬」は同時に行い、方向は西北約45度とする。

三十九 独立雲抱《ドゥーリーユンバオ》

145

1 上歩擺剣（シャンブーバイジェン）

左足を左前方に一歩踏み出し、重心を左足に移し、右足を自然に伸ばして弓歩とする。同時に、体を左にまわし、剣は左へと弧を描いて体の前に移し、肩と同じ高さにし、掌心を下向きのままにする。剣指は右前腕に移し、掌心を下向きに変える。目は剣先を見る（写真145）。

146

147

2　仰身雲剣（ヤンシェンユンジェン）

　重心を右足に移す。同時に、剣は掌心を上向きに変えながら顔の前を通って右側へと弧を描き（雲剣）、剣先を斜め上に向ける。剣指は胸の前で左にひらき、掌心を外側に向ける。目は剣を見る（写真146・147）。

148

3　独立抱剣 （ドゥーリーバオジェン）

重心を左足に移し、左足を自然に伸ばして立ち上がり、右足を体の前に引き上げて独立歩とする。同時に、剣は左にまわし、胸の前で剣指と合わせ、両手で剣を抱える（抱剣）。剣指は右手の甲に添え、剣先を頭の高さにする。掌心を上向きに変え、剣先を見る（写真１４８）。

要点

①「雲剣」の時は、体を後ろにそらせ、重心を安定させる。

②「独立歩」の方向は正面（南）とする。右足を引き上げる動作と、剣と剣指を合わせる動作は同時に行う。

四十 叉歩平帯

チャーブーピンダイ

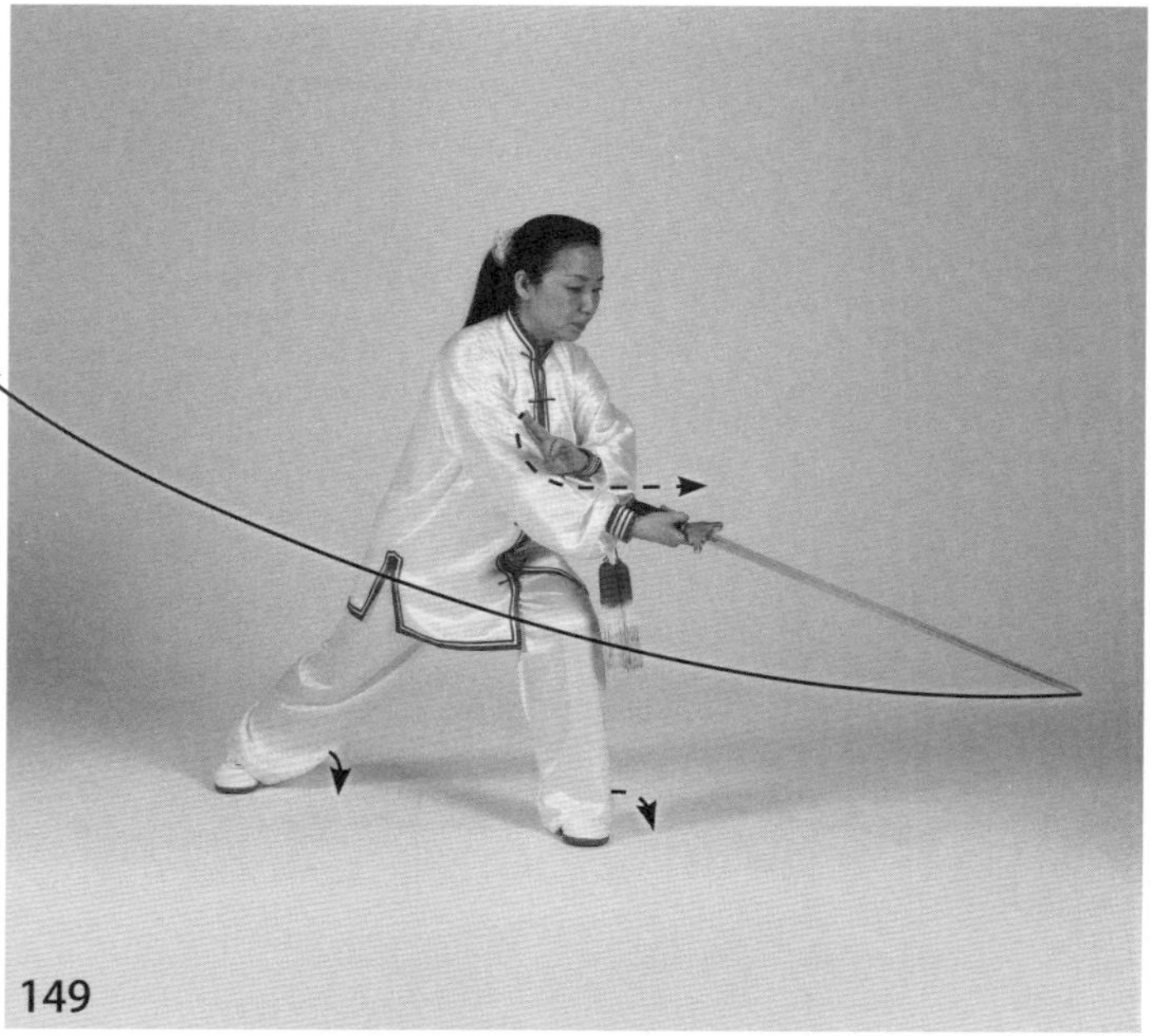
149

① 1 **撤歩擺剣**（チョーブーバイジェン）

左膝を曲げ、腰を落とし、右足を右後方に退き、足底前部を着地させる。同時に、剣は掌心を上向きのまま左斜め下におろす。剣指は右前腕の上に移し、掌心を下向きに変える。目は剣先を見る（写真１４９）。

150

②
右かかとを内側に入れて踏みしめ、重心を右足に移し、左かかとを外側にまわし、左足を自然に伸ばして弓歩とする。同時に、体を右にまわし、剣は右後方へと弧を描き、肩の高さにして掌心を上向きのままにする。剣指は体の左にひらき、腰の高さにして掌心を下向きのままにする。目は剣先を見る（写真150）。

151

152

2　叉歩平帯（チャーブーピンダイ）

① 重心を左足に移し、剣は引き続き右へと弧を描き、体を左にまわすにしたがい顔の前を通って体の前に移し、掌心を下向きに変える。同時に、剣指は体の前に移し、掌心を上向きに変える。目は剣先を見る（写真151・152）。

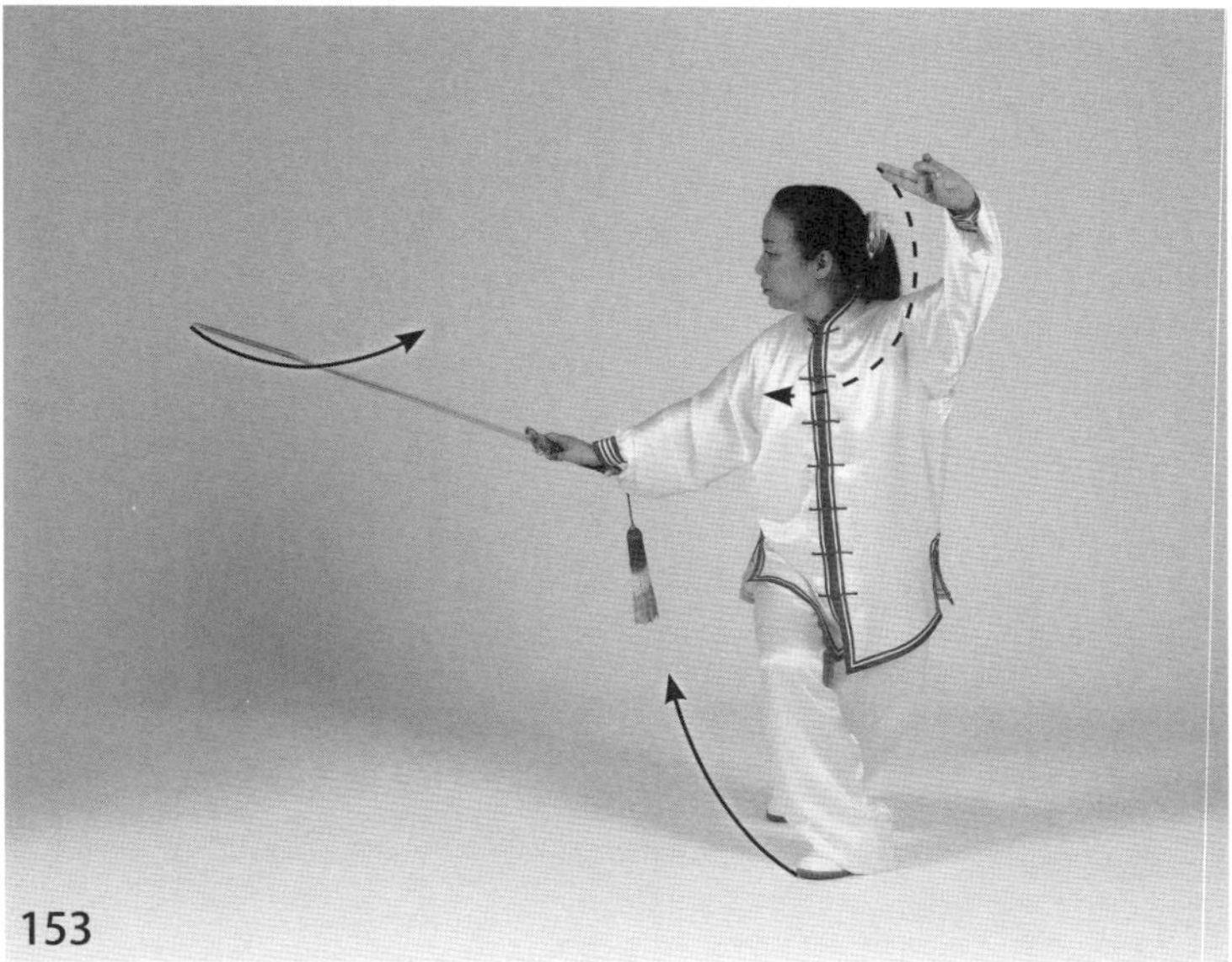
153

②　重心を右足に移し、左足は右足の斜め後方に差し込み、足底前部を着地させ、叉歩とする。同時に、剣は右に弧を描き右後方へと引き切る（平帯）。右手を腰の高さにして掌心を下向きのままにする。剣指は頭の斜め上方に上げ、掌心を斜め上に向ける。目は剣先を見る（写真153）。

要点

「定式」の時、「叉歩」の方向は西北約45度とする。剣先の方向は西南約45度とする。

四十一　弓歩平崩《ゴンブーピンボン》

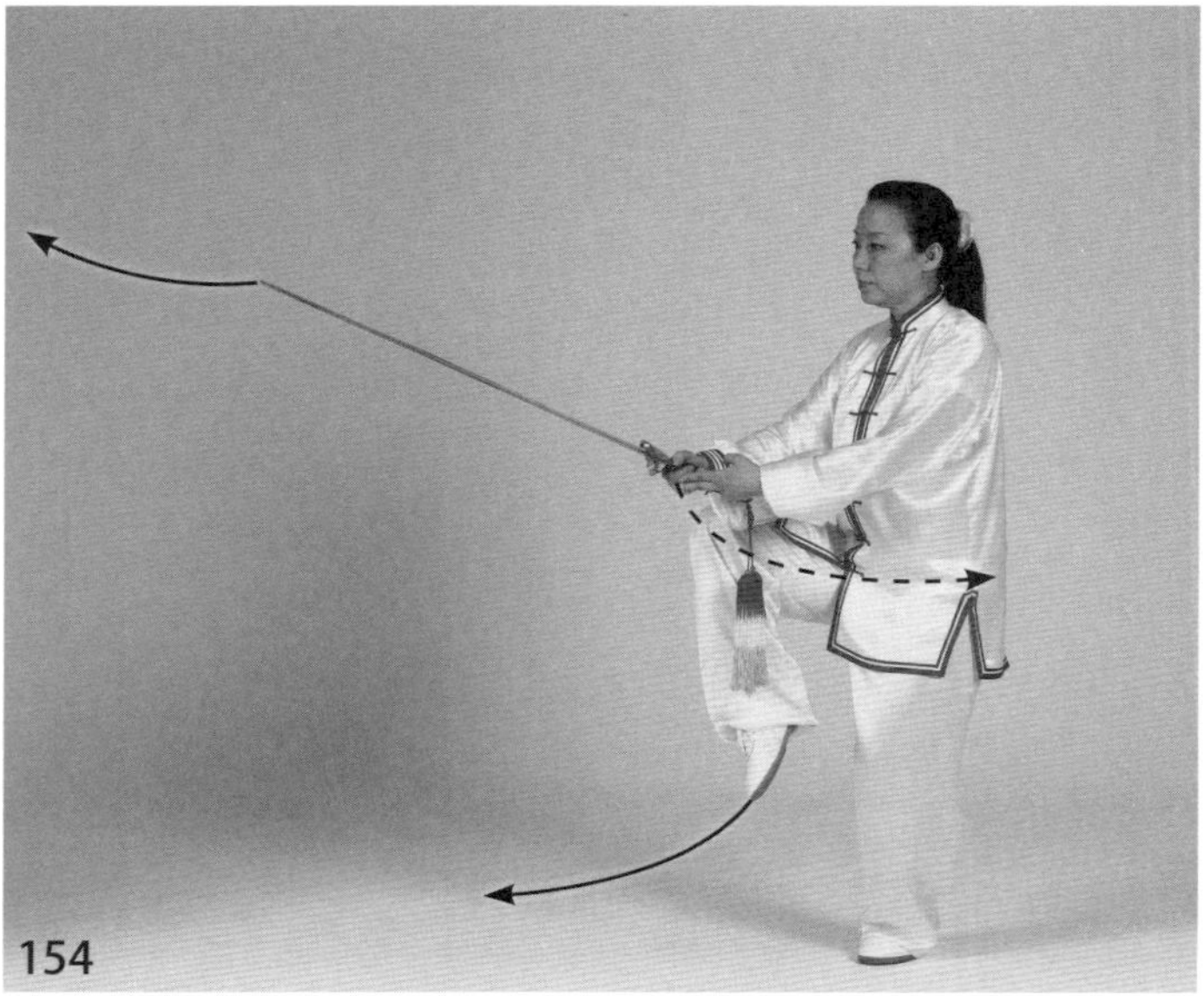

154

1　収脚抱剣（ショウジャオバオジェン）

重心を左足に移し、右足を引き上げる。同時に、剣は掌心を上向きに変え体の前に移し、剣指と体の前で合わせて剣を抱える（抱剣）。剣先をやや高めにする。剣指は右手の甲に添え、掌心を上向きに変え、目は剣先を見る（写真154）。

155

2 弓歩崩剣（ゴンブーボンジェン）

右足を右前方にかかとから着地させ、重心を右足に移し、左足を自然に伸ばして弓歩とする。同時に、剣を右上方へと打ち出す（崩剣）。掌心を上向きのままにして、剣先を頭と同じ高さにする。剣指は左下方へとひらき、腰の高さにして掌心を外側に向ける。目は剣先を見る（写真155）。

要点

「定式」の時、「弓歩」の方向は、西北約45度とする。「弓歩」と「崩剣」は同時に行う。

四十二　提膝点剣《ティーシーディエンジェン》

156

1　転身抽剣（ジュアンシェンチョウジェン）

重心を左足に移し、右つま先を内側に入れ、左つま先を外側にひらく。同時に、体を左にまわし、剣を体の前に引き、掌心を内側に向ける。剣指は右手首に移し、掌心を外側に向ける。目は剣を見る（写真156）。

157

2 提膝点剣（ティーシーディエンジェン）

重心をさらに左足に移し、左足を自然に伸ばして立ち上がり、右膝を上に引き上げて独立歩とする。同時に、剣を左前方下に打ちおろし（点剣）、手首を肩と同じ高さにし、剣先を斜め下に向ける。剣指は右手首に添えたままにする。目は前方下を見る（写真157）。

要点

「点剣」と「独立」を同時に行う。「点剣」の方向は、東南約45度とする。

四十三　歇歩反撩
シェーブーファンリャオ

158

1　歇歩反撩（シェーブーファンリャオ）

右足を斜め前方におろし、かかとから着地させ、つま先を外側に向け、左かかとは地面を離れ、腰を落として歇歩とする。同時に、体を右にまわし、右手は下におろし、剣を右後方下へとはね上げる（反撩剣）。剣指は左前方上に上げ、掌心を外側に向ける。目は剣先を見る（写真158・159）。

159

要点

「歇歩」の方向は東南約45度とし、「反撩剣」の方向は西北約45度とする。

四十四　丁歩点剣

ディンブーディエンジェン

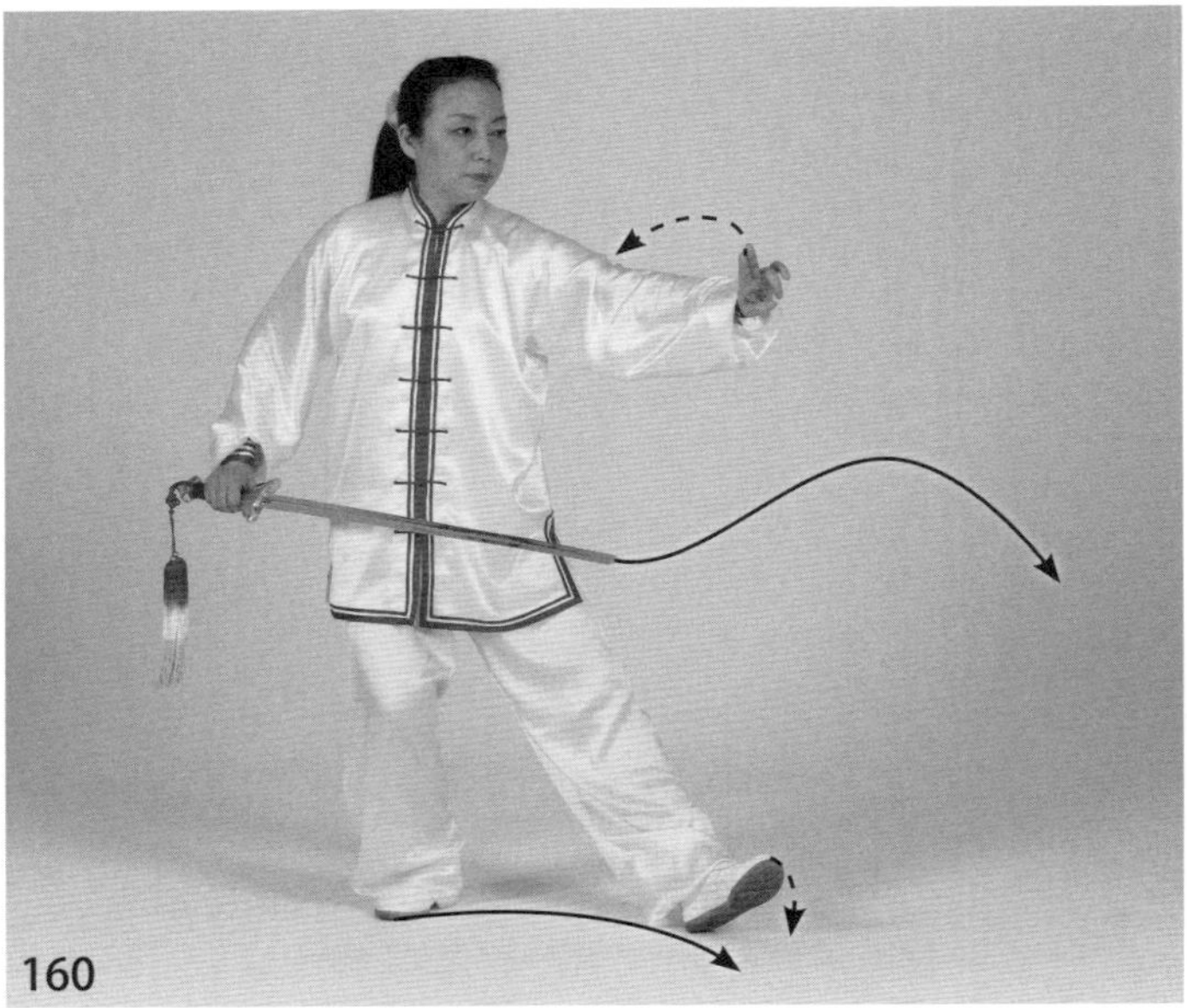

1

①　**丁歩点剣**（ディンブーディエンジェン）

左足を斜め前方に一歩踏み出し、かかとを着地させる。同時に、剣は体の横に寄せ、剣先を斜め前方下に向ける。剣指はそのままにする。目は斜め前方を見る（写真１６０）。

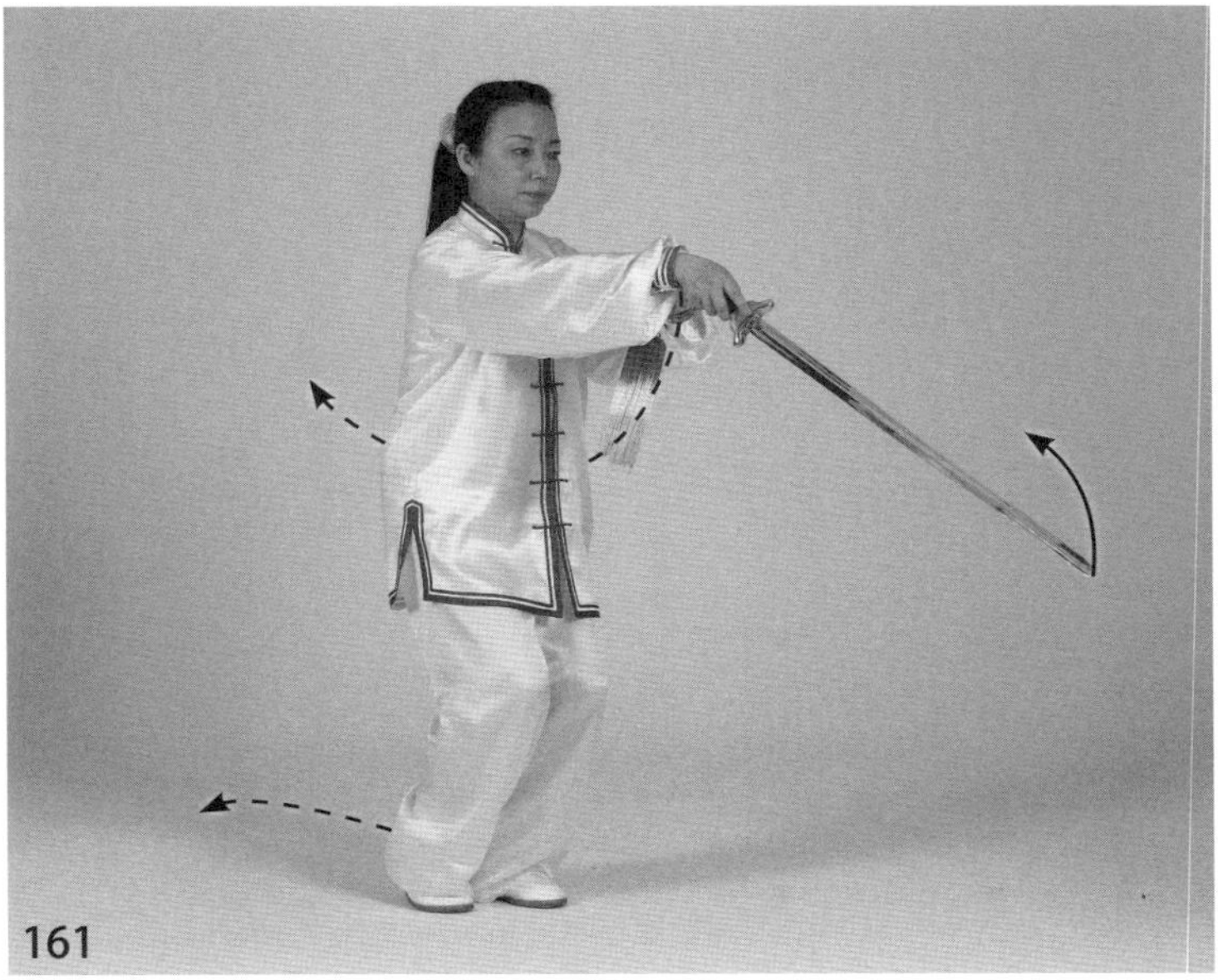

161

②

左足を踏みしめ、重心を左足に移し、右足を左足のそばに引き寄せ、足底前部を着地させて丁歩とする。同時に、剣は左前方下段へと打ちおろす（点剣）。右手首を肩と同じ高さにし、剣先を斜め下に向ける。剣指は右手首に移し、掌心を下向きに変える。目は前方下を見る（写真161）。

四十五　丁歩抱剣

ディンブーバオジェン

1　撤歩分手（チョーブーフェンショウ）

左足を斜め後ろに一歩退き、足底前部から着地させる。同時に、剣は前腕を内旋させ、掌心を外向きに変える。剣指は斜め後ろにひらき、掌心を外側に向ける。目は剣先を見る（写真１６２）。

163

2　丁歩雲抱（ディンブーユンバオ）

足と左剣指はそのままにして、剣は掌心を上向きに変え左へと頭の上方で一周まわす（雲剣）。重心を左足に移し、右足を左足のそばに引き寄せ、足底前部を着地させて丁歩とする。同時に、剣を体の前に引き、剣身を水平にさせ、掌心を内向きに変える。剣指は右手首に移し、掌心を外側に向ける。両手で剣を抱える（抱剣）。目は剣先を見る（写真163・164・165）。

要点

①「雲剣」の時、体をやや後ろにそらせる。
②「丁歩」と「抱剣」は同時に行う。剣先の向きは東南約45度とする。

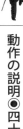

164

165

四十六　行歩穿剣《シンブーチュアンジェン》

166

1　上歩雲剣（シャンブーユンジェン）

右足を右前方に踏み出し、つま先を外側に向けて着地させる。同時に、体を右にまわし、剣は掌心を下向きに変え、顔の前を通って右へと弧を描き（雲剣）、体の前に移す。剣指は右手首に添えたままにする。目は剣先を見る（写真１６６）。

167

168

2 行歩分手（シンブーフェンショウ）

左足、右足と円に沿って一歩ずつあるく。右足を着地させると同時に、両手を左右にひらき、両掌心をともに下向きのままにする。目は剣先を見る（写真167・168）。

169

3　**行歩穿剣**（シンブーチュアンジェン）

引き続き、左足を円に沿って踏み出し、つま先を内側に向けて着地させる。同時に、剣は掌心を上向きに変え、腰に沿って左斜め後方に突き刺す（穿剣）。剣指は右肩の前に移し、掌心を外側に向ける。目は剣先を見る（写真169）。

四十七　雲剣平抹

ユンジェンピンモー

170

1　**行歩雲剣**（シンブーユンジェン）

右足、左足とさらに円に沿って一歩ずつあるく。同時に、剣は上に上げ、掌心を上向きのままで頭の上で一周まわす（雲剣）。剣指は右前腕に移す。目は右手を見る（写真170・171）。

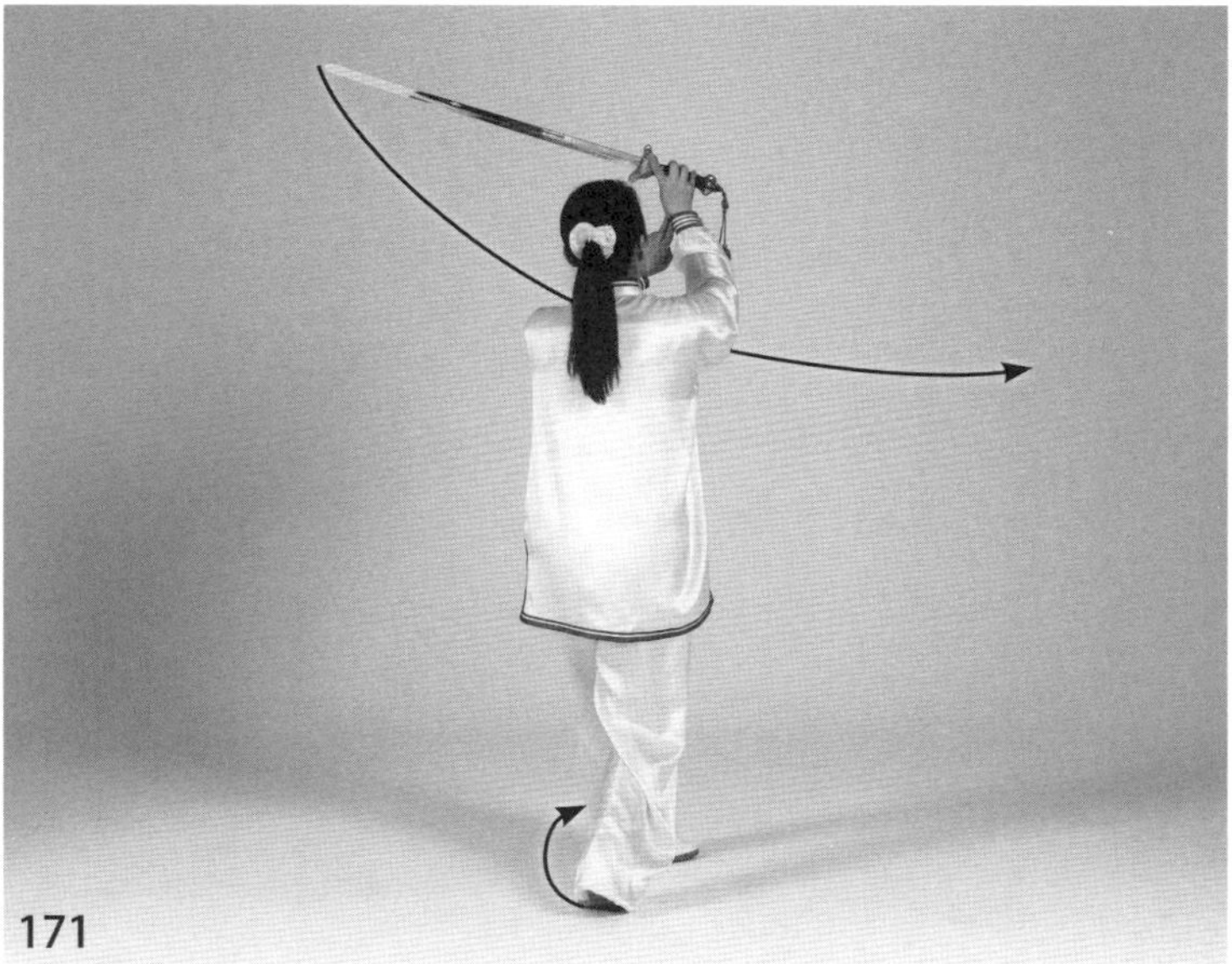

171

要点

剣を頭の上でまわす時、剣刃を立てないようにする。

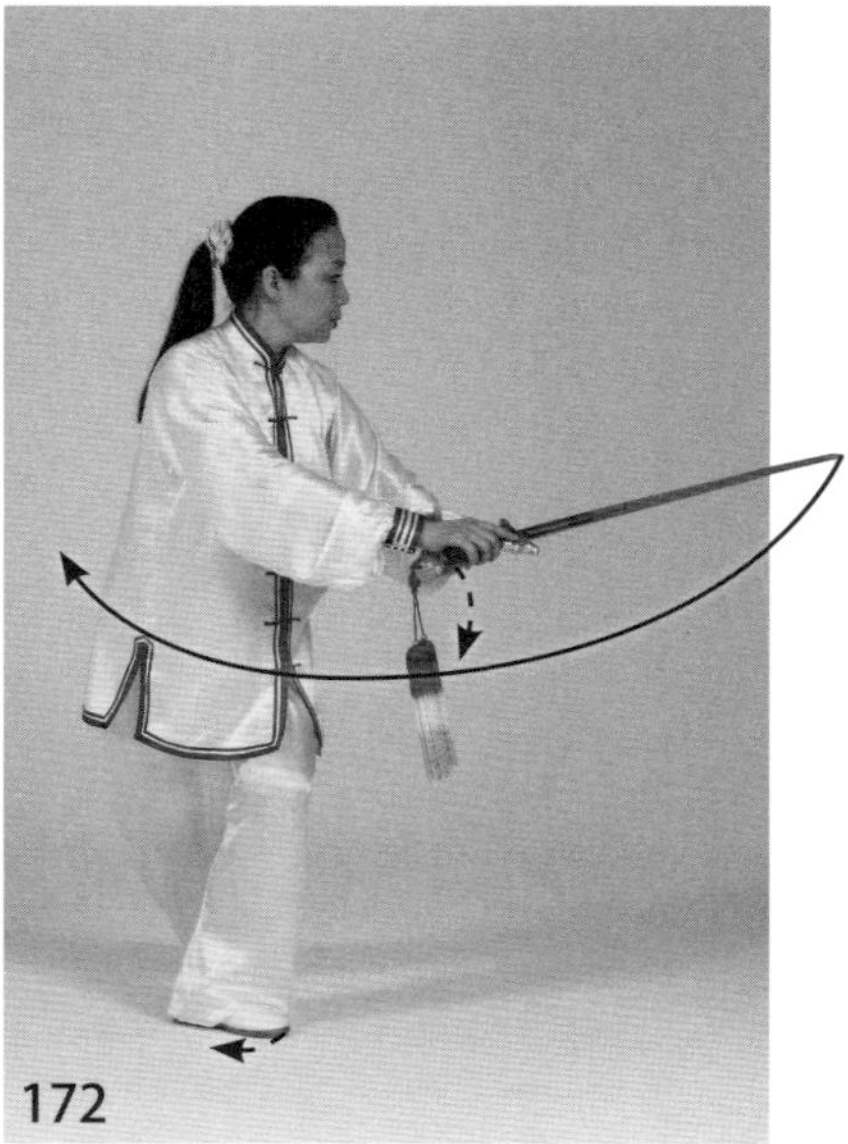

172

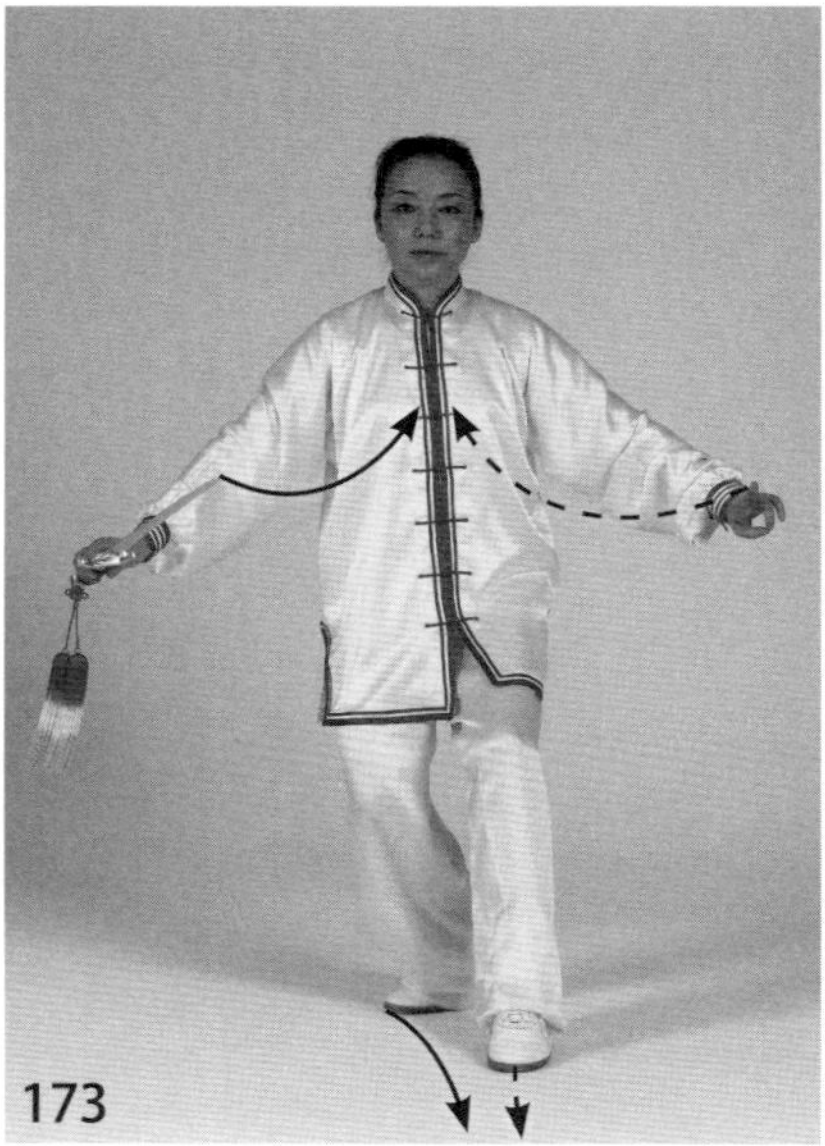

173

2 虚歩抹剣（シュイブーモージェン）

体を右にまわして正面に向ける。右足を後方に一歩退き、左足を置き直し、足底前部を着地させて虚歩とする。同時に、剣は下におろし、体の前を通って右に弧を描いて引き寄せ、なでるように切る（抹剣）。右手を体の右側に止め、剣先を内側に、やや高めにする。剣指は体の左側に移し、両掌心ともに下向きにする。目は前方を見る（写真172・173）。

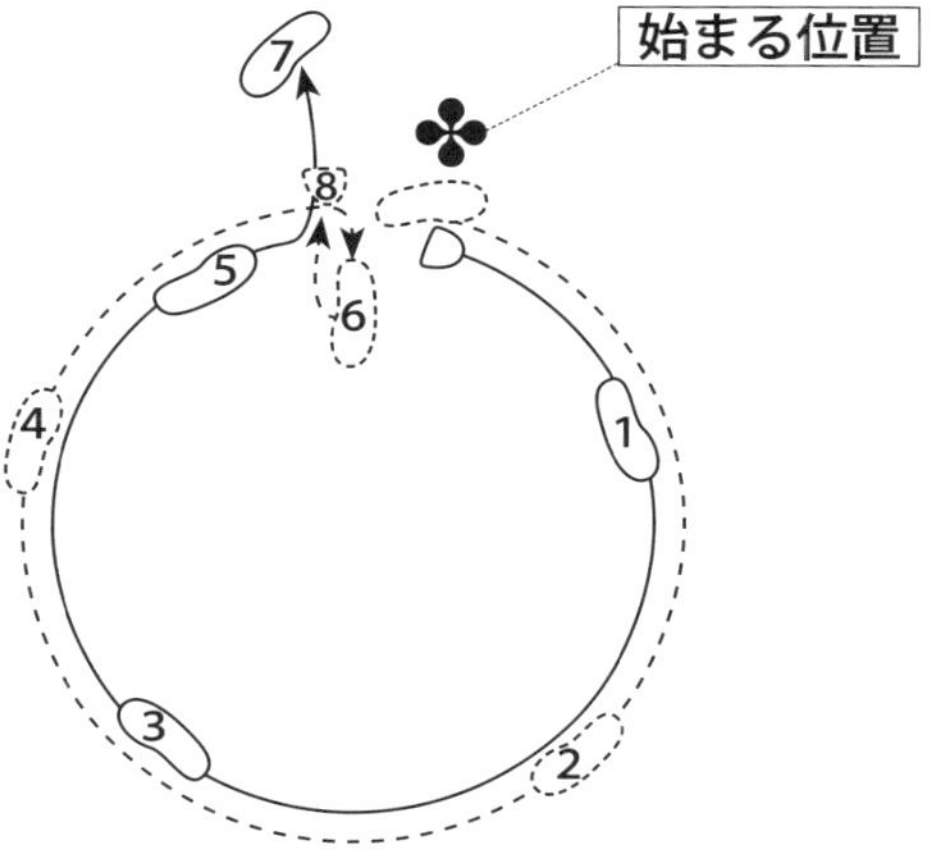

要点

四十六、四十七番の動作は合わせて八歩あるく。一歩目から六歩目まで円に沿ってあるく。右足を着地する時、つま先を外側に向け、左足を着地する時、つま先を内側に向ける。

手と足を合わせるためには、

一歩目　剣を体の前に移す。

二歩目　両手をそのままにする。

三歩目　両手を左右にひらく。

四歩目　剣を「穿剣」とし、剣指を右肩の前に移す。

五歩目　剣を上に上げる。

六歩目　剣を頭の上で「雲剣」とする。

七歩目　右足を後方に退き、剣を下におろす。

八歩目　「虚歩」となり、両手を体の両側に分ける。

四十八　並歩平刺

ビンブーピンツー

174

1　**並歩平刺**（ビンブーピンツー）

左足を前方にかかとから踏み出し、重心を左足に移し、右足を左足と揃え、両足を自然に伸ばして並歩とする。同時に、剣は腰のそばを通って、掌心を上向きに変え、前方に向かって突き刺し（平刺）、胸の高さにする。剣指は腰のそばを通って、掌心を上向きに変え、右手の甲に移す。目は剣を見る（写真１７４）。

四十九　収勢還原《ショウシーホァンユァン》

175

1　歇歩接剣（シェーブージェージェン）

左足を前方にかかとから踏み出し、つま先を外側に向けて踏みしめる。右足のかかとは地面を離れ、両膝を曲げ、腰を深く落として歇歩とする。同時に、体を左にまわし、剣は水平のままで左肩の前に移す。剣指は掌に変え、「虎口」（親指と人差し指の間）を上向き、掌心を前向きにして、右手の前に移す。目は手を見る（写真175）。

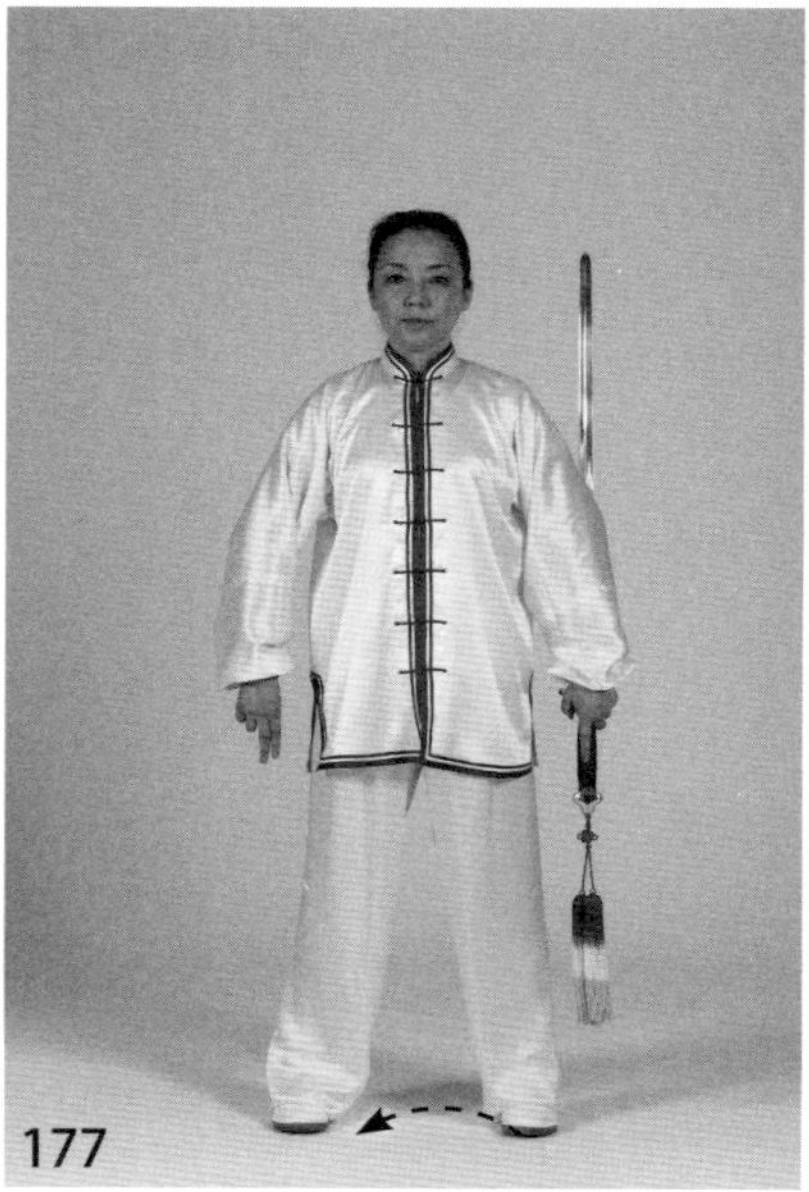

177

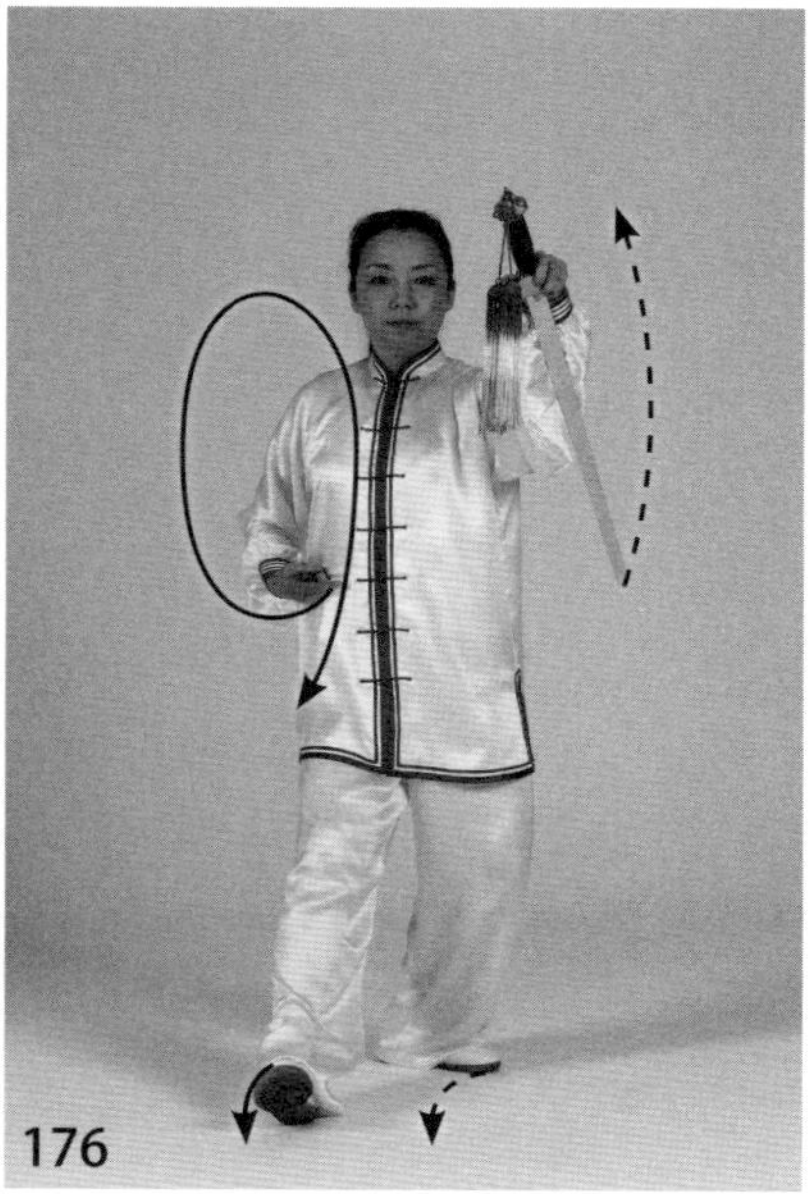

176

2　上歩挙剣（シャンブージュイジェン）

右足を前方に踏み出し、つま先を前に向ける。同時に、左手に剣を持ち変え、前方上に上げ、剣を前腕の後ろにつけ、剣先を斜め下に向ける。右手は剣指に変え、右腰の横に移し、掌心を上に向ける。目は前方を見る（写真176）。

3　収脚落剣（ショウジャオルオジェン）

右足を踏みしめ、重心を右足に移し、左足を右足の横に寄せ、両足を肩幅にして開立歩とする。同時に、剣は体の横におろし、剣先を上に向ける。剣指は右後方上に上げ、頭の横を通って体の右側におろし、掌心を後ろに向ける。目は前方を見る（写真177）。

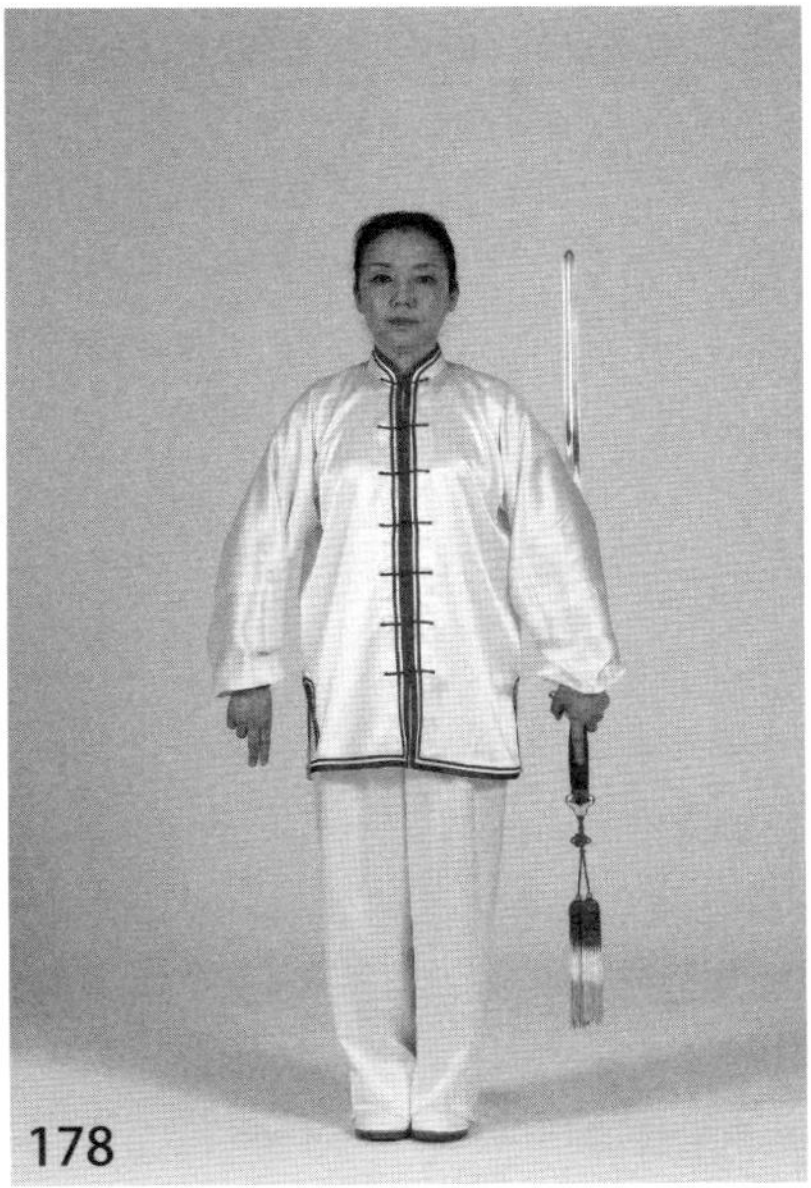

178

4　収脚還原（ショウジャオホァンユァン）

左足を右足のそばに引き寄せ、両足を揃えて並歩とする。両手はそのままにして元の姿勢に戻る。目は前方を見る（写真178）。

要点

① 剣を持ち変える時、剣先は左右に振らずに安定させる。

② 元の姿勢になる時、剣は前腕の後ろにつけ、まっすぐにさせ、剣は前腕の後ろにつけ、両肘をやや曲げ、体をリラックスさせる。

動作の路線図

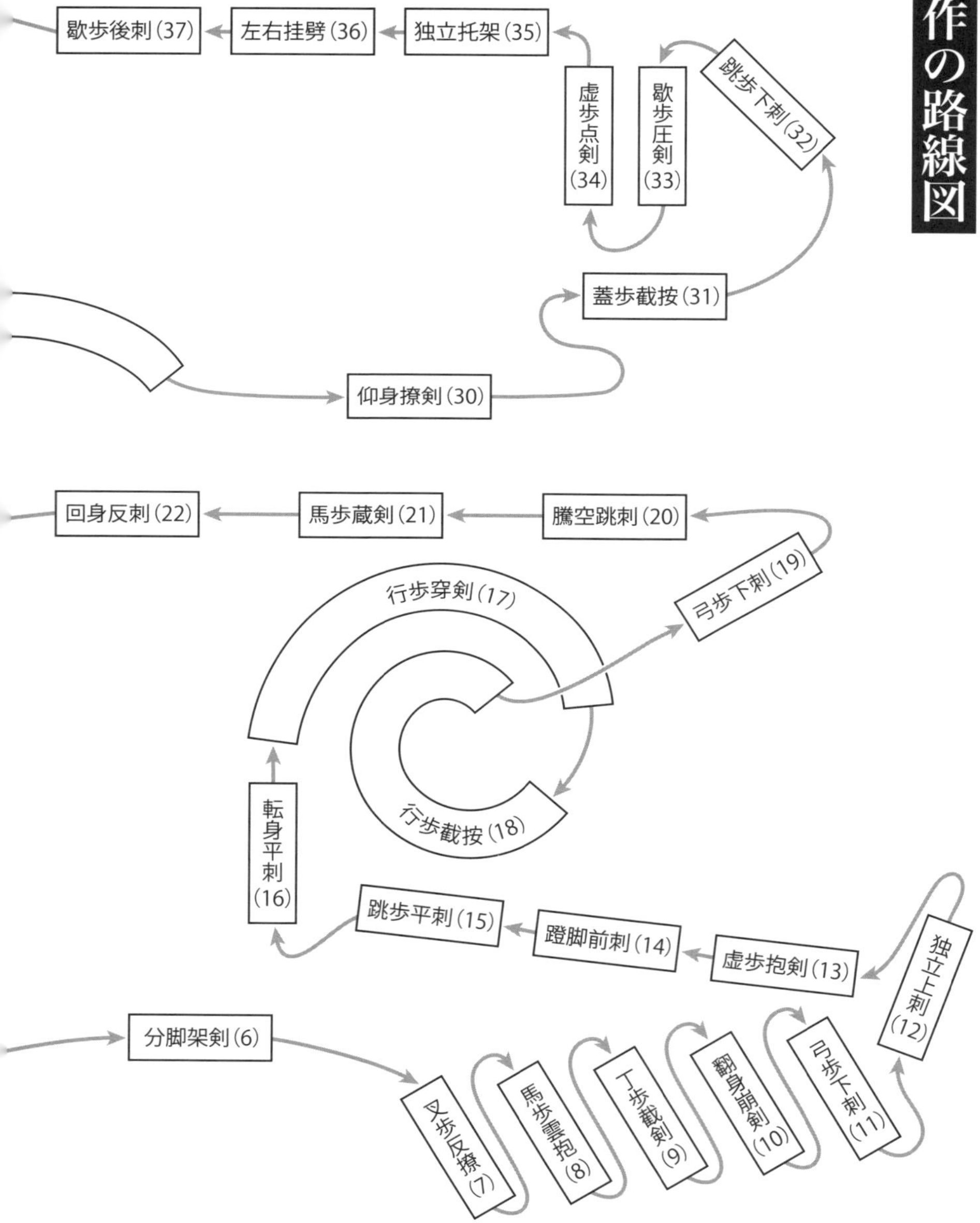

歇歩後刺(37)
左右挂劈(36)
独立托架(35)
虚歩点剣(34)
歇歩圧剣(33)
跳歩下刺(32)
蓋歩截按(31)
仰身撩剣(30)
回身反刺(22)
馬歩蔵剣(21)
騰空跳刺(20)
弓歩下刺(19)
行歩穿剣(17)
行歩截按(18)
転身平刺(16)
跳歩平刺(15)
蹬脚前刺(14)
虚歩抱剣(13)
独立上刺(12)
分脚架剣(6)
叉歩反撩(7)
馬歩雲抱(8)
丁歩截剣(9)
翻身崩剣(10)
弓歩下刺(11)

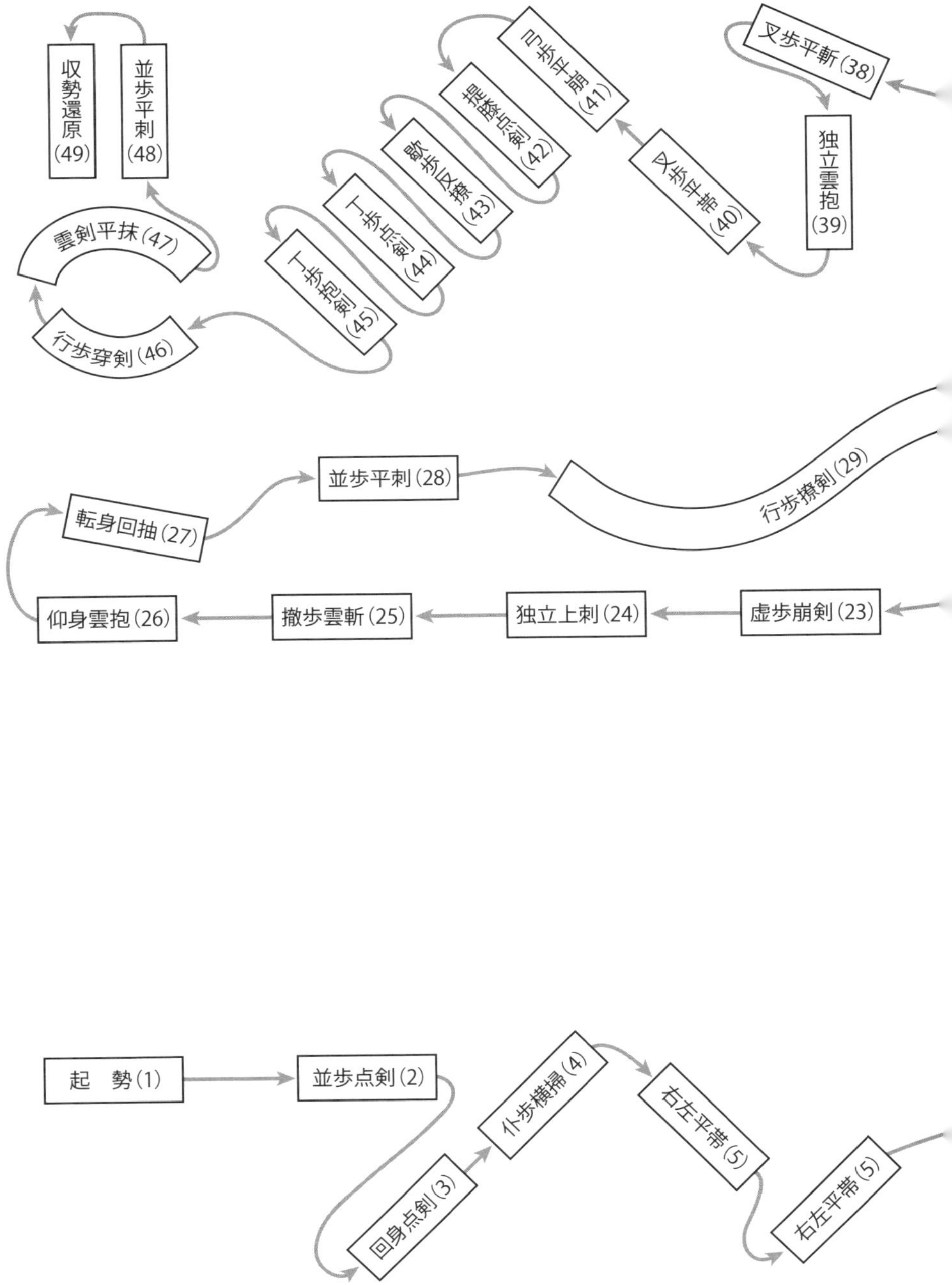
叉歩平斬(38)
独立雲抱(39)
叉歩平帯(40)
弓歩平掃(41)
提膝点剣(42)
歇歩反撩(43)
丁歩点剣(44)
丁歩抱剣(45)
行歩穿剣(46)
雲剣平抹(47)
並歩平刺(48)
収勢還原(49)
行歩撩剣(29)
並歩平刺(28)
転身回抽(27)
仰身雲抱(26)
撤歩雲斬(25)
独立上刺(24)
虚歩崩剣(23)
起　勢(1)
並歩点剣(2)
回身点剣(3)
仆歩横掃(4)
右左平帯(5)
右左平帯(5)

著者紹介

李徳芳（り・とくほう）

1958年代々武術家の家に生まれ、幼少より父である李天驥（中国十大武術名師の一人）について武術を学ぶ。形意拳、太極拳、八卦掌、武当太極剣などを得意とする。1981年北京師範大学卒業。同大学の武術講師に就任。1982年・1983年と、2年連続で全中国武術観摩交流大会の優秀金賞を獲得。1985年4月より1986年4月まで1年間来日し、東京太極拳協会で指導。1988年に再度来日、以来現在まで、公益財団法人日中友好会館・日中健康センター、日中太極拳交流協会で、夫君の呉増楽とともに太極拳の指導・普及にあたっている。龍飛会代表。中国武術八段。

著書に『32式太極剣入門』、『48式太極拳入門』、『42式総合太極拳』、『42式太極剣入門』、『規定楊式太極拳入門』、『美しい太極扇入門』、『簡化二十四式太極拳入門』などがある。また、『簡化太極拳24式』、『総合太極拳』などのDVDでも示範・解説多数。

呉増楽（ご・ぞうらく）

1953年生まれ。1977年北京師範大学体育学部を卒業。同大学講師に就任し、1982年体育理論（健康・訓練・教学理論など）を講義。1986年同大学大学院に入学（体育理論専攻）、在学中より李天驥に直接指導を受ける。1988年来日し、公益財団法人日中友好会館・日中健康センターにおいて、夫人李徳芳とともに太極拳・健康法の指導・普及にあたる。龍飛会代表。

やさしい！ 誰にでもできる！

武当太極剣

2015年12月30日　初版第1刷発行

著　者　李徳芳・呉増楽
発行者　東口 敏郎
発行所　株式会社ＢＡＢジャパン
〒151-0073 東京都渋谷区笹塚 1-30-11 中村ビル
TEL　03-3469-0135　FAX　03-3469-0162
URL　http://www.bab.co.jp/　E-mail　shop@bab.co.jp
郵便振替 00140-7-116767
印刷・製本　大日本印刷株式会社
ISBN978-4-86220-952-8 C2075

■ Cover Design ／中野岳人
■ Design ／和泉仁
■ Editor ／近藤友暁

DVD & BOOK Collection

DVD　李徳芳の
八段錦&太極養生 13 勢功

中国導引術のエッセンスを凝縮した、八段錦。そして太極拳の中でも最も簡単で、リラクゼーション効果が高い太極 13 勢功を収録。
　指導・出演：李徳芳老師

●収録時間50分　●本体4,286円+税

BOOK　**42 式太極剣入門**

●太極拳ハンドブックシリーズ４　優れた健康増進効果!豊富なバリエーション。伝統的な太極剣の技を取り入れ完成した競技用公式規定套路「42 式太極剣」。42 太極剣を動きの流れを表した図解入り写真と丁寧でわかりやすい解説で構成。

●李徳芳／呉増楽 著　●新書判　●168頁
●本体1,200円+税

DVD　ビデオで学ぶ 太極拳入門シリーズ
武当太極剣

武当太極剣は、太極剣と武当剣の特徴を融合した新しい独特な風格を持つ表演套路。動と静、快と慢、剛と柔を兼ね備え、気勢が連なり変化に富んで、生き生きとしている。套路は全部で 49 動作あり表演時間は4分程度。
指導・出演：李徳芳老師

●収録時間56分　●本体5,000円+税

BOOK　**規定 楊式太極拳入門**

●太極拳ハンドブックシリーズ5　中国武術研究院により競技用規定套路としてつくられた楊式太極拳を紹介します。この套路は伝統的な楊式太極拳の風格・特徴がよく表現され、鑑賞性・技巧性・競技性、さらには健身作用の面においても高度なものとなっています。

●李徳芳／呉増楽 著　●新書判　●168頁
●本体1,200円+税

DVD　李徳芳先生の
美しい太極扇

この套路は、太極拳と太極剣の動作を元とした、今最も注目されている太極拳の套路の一つです。健康増進に役立つだけではなく、扇を使った表演ならではの芸術性、鑑賞性も備えています。全套路42式を4段に分けて解説。　指導・出演：李徳芳老師

●収録時間60分　●本体4,286円+税

BOOK　**42 式総合太極拳入門**

●太極拳ハンドブックシリーズ6　陳式・楊式・孫式・呉式太極拳の各流派から技が取り入れられた、総合的な太極拳。全 42 動作に全ての基本形を含み、アジア・世界大会に採用されている競技用規定套路をマスター!

●李徳芳 / 呉増楽 共著　●新書判
●160頁　●本体1,100円+税

BOOK　**32 式太極剣入門**

●太極拳ハンドブックシリーズ1

女性にも比較的簡単に学ぶことのできる初心者向けの入門套路として著名な「32 式太極剣」を紹介。誰もが太極剣を美しく正しく練功できるように、定式の名称説明から目線への配慮まで分解写真と丁寧な解説文で解説。

●李徳芳 著　●新書判　●126頁
●本体971円+税

BOOK　見やすい!分かりやすい!　新装改訂版
簡化二十四式 太極拳入門

「これからはじめたい!」「正確な動きを学びたい!」「短期間でマスターしたい!」李徳芳老師が簡化二十四式太極拳創始者である父より受け継いだ真髄と三十数年にわたる太極拳指導の経験を生かして、初心者向けに正しい学習法を紹介。

●李徳芳／呉増楽 著　●A5判　●168頁
●本体1,600円+税

BOOK　**48 式太極拳入門**

●太極拳ハンドブックシリーズ2　初心者から上級者まで対応した太極拳ファン必携のハウツー本!!　48 式太極拳は、楊式太極拳を基礎に、陳・孫・呉・武式などの伝統的太極拳各派の特徴を生かし、簡化太極拳 24 式の上級型として編纂されたものです。

●李徳芳 著／李徳印 監修　●新書判
●208頁　●本体1,200円+税

BOOK　李徳芳先生の
美しい太極扇入門

李徳芳老師と呉増楽老師が伝授する太極拳の最新科目。太極拳に備わる優れた健康増進効果に、優雅な扇を用いる美しさが加わり、注目を浴びています。太極拳と太極剣の動作が基本とされ、長拳・武当剣の技および舞踊的な動きも取り入れられています。

●李徳芳／呉増楽 共著　●A5判
●168頁　●本体 1,600 円+税

BOOK
簡化二十四式太極拳入門

●太極拳ハンドブックシリーズ３　学びやすくて、奥深い。老若男女、様々な人々に世界中で最も親しまれている簡化 24 式太極拳。わかりやすい連続写真と詳細な理論解説によって初心者から上級者まで幅広く対応。

●李徳芳／呉増楽 著　●新書判　●144頁
●本体1,000円+税

BOOK　**太極拳の真髄**

24 式太極拳の編者にして太極拳の父、李天驥老師が八十年の武術・太極拳人生の集大成として太極拳の実践と理論、歴史を綴った決定版。■目次：太極拳の理論（「太極拳論」と「十三勢歌」・他）／簡化二十四式太極拳／健身のための功法（八段錦・太極養生十三勢功）／他

●李天驥 著　● A5 判　●300頁
●本体2,718円+税